BJÖRN WÄNGBERG

Det alienerade medvetandet

En studie av Descartes filosofi

Didymos texter i filosofi

Det alienerade medvetandet — En studie av Descartes filosofi

© 2018 Björn Wängberg & Didymos Bokförlag

Redigering: Tomas Malm

Målning på omslaget: *Vändpunkt* av Marie Wängberg

Porträttet av Descartes i inlagan: Efter en målning av den holländske porträttmålaren Frans Hals (ca 1582–1666). Oljemålningen på bilden är daterad till andra halvan av 1600-talet och finns numera i Louvren.

ISBN: 978-91-984767-1-2

Tryck: BoD — Books on Demand, Norderstedt, Tyskland 2018

Mer information om Didymos Bokförlag och dess anknutna författare finns på vår webbplats:

didymos–bokforlag.com

För detaljer gällande rättigheter med mera vänligen kontakta förlaget via dess webbplats.

René Descartes (efter en målning av Frans Hals)

Innehåll

Förord och allmänna anmärkningar   1

1 En livsimpuls vaknar   5

2 Metoden — en ny logik   23

3 Meditationes de prima philosophia   41
    3.1 Första meditationen 42
    3.2 Andra meditationen 50
    3.3 Tredje meditationen 68
    3.4 Fjärde meditationen 91
    3.5 Femte meditationen 108
    3.6 Sjätte meditationen 125

4 Särskilda teman   137
    4.1 Tre slag av substanser 137
    4.2 Relationen mellan kropp och själ 143
    4.3 En rationalistisk kunskapsteori 152

Slutord och utblick   159

Referenser   163

Förord

Descartes betoning av intellektuell autonomi och hans tillit till att vi med vår tankeförmåga kan nå genuina insikter som transcenderar ett subjektivt tyckande har gjort ett djupt intryck på mig. Detta förtroende som Descartes visar gentemot vår egen tankeförmåga bildar en viktig balanserande motvikt, såväl mot att i mer eller mindre allvarlig grad släcka ut vår egen tankeförmåga inför auktoriteter och experter, som mot att hamna i den idag närmast modeartade relativism som ofta försvaras som en oantastlig grundprincip för ett modernt och upplyst intellekt. Av idealbildande betydelse för mitt liv har även varit att Descartes inte föraktar utan tvärtom premierar det enkla och tydliga i det intellektuella livet, ett förhållningssätt som innebär ett motmedel mot att låta högtravande dunkelhet tillfredsställa förnäma strävanden.

Descartes belyser också på ett gripande sätt att allvarligt menade reflexioner över vårt medvetande — åtminstone som ett genomgångsstadium — naturligt leder till en radikal ensamhet, en alienation där alla enhetsband med omgivningen förtvinar och löses upp.

Följande rader är ett försök att presentera grunddragen i Descartes filosofiska arbete. Jag har valt att mer ingående behandla den i mina ögon viktigaste filosofiska texten av Descartes: *Meditationes de Prima Philosophia*. Jag vill också passa på att framföra mitt innerliga tack till förlagets redaktör, Tomas Malm, för en grundlig och skarpsynt läsning av min text. Tomas konstruktiva kritik har föranlett ett antal viktiga ändringar och tillägg i texten.

Björn Wängberg
Grödinge 2018

Allmänna anmärkningar

1. Jag funderade en tid på att ta mig friheten att bryta lite försiktigt mot det vanliga svenska språkbruket genom att ibland använda uttrycket *en idé av X* istället för det vanligare *en idé om X*. Med uttrycket 'en idé av X' skulle därmed menas just det *intelligibla innehåll* som definieras av termen X. Orden 'idé', 'idéer', etc, har i språket ofta en vidare innebörd av olika tankar och föreställningar kring någonting, som kanske kan relateras till termen X.

En idé om exempelvis dödsstraff kan innefatta olika tankar, såsom att dödsstraff kan försvaras moraliskt, att dödsstraff kan förvaras som ett avskräckande hot eller att dödsstraff i alla avseenden är förkastligt. En idé *av* dödsstraff skulle däremot vara just innebörden av ordet dödsstraff, varken mer eller mindre. Man kan i engelskan till exempel säga "I have a general idea of what capital punishment means, but I'm not so sure of all your ideas about it!" I engelskan finns alltså en distinktion mellan *an idea of X* och *an idea about X* som korresponderar mot det ovan sagda.

Trots allt valde jag, efter samråd med redaktören, att följa normala svenska språkriktighetsregler och konsekvent hålla mig till "idé om ...". Dock är det viktigt att hålla i åtanke att ordet *idé* vid läsningen av Descartes oftast behöver fattas i bemärkelsen *idé av, idea of*.

2. Alla översättningar till svenska från engelskspråkiga utgåvor av Descartes verk (på franska och latin) är mina egna.

Kapitel 1

En livsimpuls vaknar

Descartes initierar en ny viktig fas i det filosofiska tänkandets utveckling och han såg sig härmed förverkliga en gudagiven mission. Fullt på det klara med den väsentliga betydelse det har för hans kunskapsväg, bemödar sig Descartes om att göra sig tom på alla uppfattningar och tankevanor som han konsumerat utifrån, blivit inpräntad med från sin omgivning. Descartes är begeistrad, uppfylld av intentionen att genomgående stå på egen grund, att bygga sitt vetande uteslutande och strängt på egen självständig insikt.

Ett viktigt drag hos Descartes är att han låter det självmedvetna jaget bli utgångspunkt för hans filosofiska arbete; en avgörande tröskelupplevelse är för honom jagets gripande av sig självt. Men detta absolut evidenta självmedvetande leder samtidigt Descartes till en radikal ensamhet, avskärmning från världen. Det självmedvetna jaget finner sig inneslutet i sig självt och dess omedelbara vetande är strängt begränsat till jagets egna tillstånd, till det som upplevs och iakttas inom jagets sfär. Inte ens sinnesvarseblivningarna ger en äkta kommunikation med världen utanför. Icke desto mindre ser sig Descartes förmögen att ur sina egna själsdjup arbeta fram ett genuint vetande om tillvarons allmänna beskaffenhet: Descartes är *rationalist*, en kunskapsteoretisk ståndpunkt som utsäger att genuin kunskap kan realiseras genom rent tankemässiga överläggningar oberoende av yttre erfarenheter.

Även om Descartes i hög grad initierar en ny filosofisk strömning finner vi, vilket jag tror kommer att framgå, djupgående beröringspunkter med Platon i Descartes tänkande (märkligt nog ger dock Descartes så vitt jag vet inga explicita referenser till Platon). Vidare: när Descartes framhåller att han tar avstånd från den skolastiska filosofin (och därmed från centrala teser hos Aristoteles) är flera av hans filosofiska resonemang i hög grad hållna i samma anda som skolastikerna och hans hävdade självständighet erfar märkliga bakslag när han påvisat sitt beroende av Gud.

René Descartes[1] föds den 31 mars 1596 i La Haye, en liten ort belägen femtio kilometer söder om Tours i nordvästra Frankrike.[2] Hans släkt var bildad och förmögen och tillhörde den lägre aristokratin.[3] Släktens förmögenhet gjorde honom ekonomiskt oberoende för hela livet. Hans mor dör kort efter sonens födsel och Descartes blir uppfostrad av sin mormor. Den blivande filosofen visade sig vara ett sjukligt barn med en svaghet i lungorna och läkarna trodde

---

[1] *Red. anm.* Filosofens latiniserade namn är *Renatus Cartesius*, vilket man kanske känner igen från matematiken i och med termen "cartesiskt koordinatsystem". Descartes/Cartesius gav nämligen viktiga impulser till den analytiska geometrin (studiet av geometriska figurer via ekvationer) och introducerandet av koordinatsystemets metod i matematiken.
[2] A s.8
[3] B s.5

att han inte skulle uppnå vuxen ålder.[4] Under skolåren fick han tillstånd att ligga kvar i sängen in på förmiddagen, en vana han bibehöll hela livet. Även under sina verksamma år brukade Descartes ligga kvar i sängen fram till klockan elva på förmiddagen: han ansåg morgontimmarna i sängen vara ytterst fruktbara för filosofiskt arbete.[5] Åren 1606–1614 får han sin grundläggande utbildning i de olika vetenskaperna i en berömd jesuitskola i La Flèche nära Anjou, med en undervisning som i Descartes ögon visserligen var intellektuellt högstående men föråldrad och alltför präglad av den skolastiska filosofin.[6]

År 1618 tar Descartes värvning som frivillig officerskadett i en holländsk privatarmé i Breda under prins Maurice av Nassau.[7] Under denna tid i Holland möter Descartes läkaren Isaak Beckman och de båda utvecklar en stimulerande vänskap varvid Descartes intresse på allvar vaknar för vetenskapliga och filosofiska frågeställningar.[8] Sent i april 1619 beslutar sig Descartes för att istället ta värvning i en armé ledd av Maximilian I av Bayern och han beger sig ut på en längre resa för att anträda sin nya tjänst.[9] På grund av den annalkande vintern med svåra väderförhållanden tvingas Descartes från och med november 1619 göra ett längre uppehåll i en liten by i Tyskland, förmodligen nära Ulm.[10] Här ger ödet Descartes en period av, med avseende på hans innevarande levnadsfas, välsignelsebringande isolering och

---

[4] A s.8
[5] A s.19
[6] B s.5; A s.8
[7] B s.6; A s.9
[8] B s.6–7; A s.9
[9] A s.9
[10] B s.7–8

inåtvänd meditation och reflexion.

> Vid den tiden var jag i Tyskland, dit jag lockats av
> de krig som ännu inte upphört; då jag från kejsarens
> kröning återvände till armén blev jag genom vinterns
> ankomst kvarhållen i ett kvarter, där jag inte fann nå-
> got sällskap som förströdde mig; och då jag för övrigt
> lyckligtvis inte oroades av några bekymmer eller sinnes-
> rörelser, höll jag mig hela dagen inomhus, i ett varmt
> rum, där jag hade god tid att ägna mig åt mina tankar.
> (*Discourse* II; AT VI, 11)[11]

Under denna introverta period av Descartes livsväg inleds den 10:e november 1619, i ett av en kamin uppvärmt rum (Poêle) i Ulm, ett gudabenådat dygn. Under dagen blir Descartes gripen, upprymd och begeistrad av tanken på projektet att grunda en ny art av vetenskap: *scientia mirabilis*, den underbara vetenskapen.[12] Descartes erfar härvid en vision om ett kunskapsarbete som kommer att inledas med en destruktion av allt enbart konsumerat vetande, uppfattningar och sätt att tänka som inte är burna av *självständig insikt*. Descartes formligen äcklas av upplevelsen att bara vara en produkt av sin omgivning, stöpt och formad av allt det som lärare och den allmänna uppväxtmiljön inpräntat i honom. Det gamla måste raseras! Därefter följer den konstruktiva fasen av ett metodiskt och systematiskt sökande efter de sanningar som är burna av jagets självständiga insikt. Vad som hägrar är en systematisk och enhetlig vetenskap genomträngd och buren av just denna kvalitet: evidensen hos det egna tänkandet.[13]

---

[11] F s.34; A s.9
[12] B s.8
[13] B s.9, 11; A s.14

Under vintermånaderna i Ulm 1619/20 når sålunda Descartes fram till ett fröartat koncept om sin heliga mission. Men ett mer planenligt studiearbete och författarskap inleds först då Descartes flyttar till Holland 1628 efter ett antal år av resor i olika delar av Europa. Vad Descartes sökte i Holland var arbetsro, ensamhet.[14] Med syfte att få förbli så inkognito som möjligt flyttade han ofta till olika platser i Holland och i sin korrespondens undviker han att ange en tydlig adress, förmodligen för att slippa besvärande besök.[15]

Natten som följde på den ödesmättade dagen den 10:e november genomlevde Descartes tre ödesmättade och symbolladdade drömmar, vilka skildras ingående av Adrien Baillet i *La Vie de Monsiuer Des-Cartes* (första kapitlet av första boken), en biografi om Descartes publicerad 1691. Förmodligen grundar Baillet sin redogörelse av drömmarna på tidiga anteckningsböcker av Descartes som man hittade bland kvarlåtenskapen i Stockholm kort efter hans död.[16]

I den mån vi kan lita på Baillet's respektive Descartes vittnesbörd om drömmarnas innehåll är det intressant att Descartes så i detalj kunde erinra sig drömmarnas innehåll efter att han vaknat. Jag har valt att tämligen detaljerat referera Baillet's redogörelse av Descartes drömupplevelser och som skäl till att på detta sätt uppmärksamma "vad som bara är led i en dröm" vill jag anföra:

(i) Descartes själv betraktade drömmarna som mycket betydelsefulla och att de förmedlade ett budskap om hans livsuppgift.[17] I hans ögon var drömmarna himmelska, and-

---
[14] B s.30; A s.10
[15] A s.10
[16] A s.9, 161
[17] A s.9–10

liga ingivelser.[18] Resultatet av det dagslånga tankearbetet den tionde november 1619 som just skildrats ovan, och de tre intensiva drömmarna natten efter, var att ha övertygat Descartes om att han var given en gudomlig uppgift i det att grunda ett nytt filosofiskt system.[19]

(ii) Egenheter i drömmarnas innehåll är av intresse med tanke på vad Descartes skriver längre fram i livet. Beträffande det så kallade *drömargumentet* i den första meditationen i *Meditationes* är det värt att uppmärksamma att den första och tredje drömmen är långa tämligen väl sammanhängande sekvenser av skeenden och att Descartes i den tredje drömmen tvivlar på om han drömmer eller är vaken. Faktum är (försåvitt vi kan lita på Descartes respektive Baillet's utsagor) att när han via sitt tvivel förstår att han drömmer så börjar han tolka sin dröm medan han ännu är i tillståndet av att drömma.[20] Virvelvinden i den första drömmen kan kopplas samman med att Descartes i den andra meditationen i *Meditationes* föreställer sig att under ångest falla ned i en virvelström.

Nu till Baillet's framställning av den dramatiska natten[21]:

När Descartes går till sängs efter den dagslånga meditationen är han uprymd och exalterad över tanken att ha funnit grundvalarna för ett "underbart system av vetande". Den första drömmen inleds med att Descartes gåendes på en gata blir attackerad av flera fantomer. Attacken skrämmer honom i sådan grad att han ser sig nödgad att gå över

---

[18] A s.161
[19] A s.10
[20] A s.161, 163
[21] A s.9–10; 161–164

till gatans vänstra sida för att kunna fortsätta till sitt mål. Skälet att gå över till gatans andra sida förklarar han också med att han känner en så påtaglig svaghet i sin högra sida att han inte kan stå upprätt. I skam över sitt sätt att gå gör han ett ansträngt försök att ställa sig upprätt, men en våldsam vind sveper runt honom i ett slags virvelström som gör att han snurrar runt tre eller fyra gånger på sin vänstra fot.

Än mer skrämmande än vinden är att hans svårighet att kunna stå upprätt får honom att tro att han ska falla till marken vid varje steg han tar. I detta läge ser han inom räckhåll en läroanstalt och han tar sig dit för att söka skydd och medel för sitt prekära tillstånd. Väl inne på läroanstaltens område riktar han in sig på att ta sig till det kapell som också hör till området, för att där kunna ägna sig åt bön. Men på vägen mot kapellet blir han varse att han utan att hälsa passerat en viss person, någon som han var bekant med. Han beslutar sig för att gå tillbaka för att uttrycka sin aktning gentemot denne bekante, men blir härvid med våldsam kraft knuffad i riktning mot kapellet av en stark vind.

Samtidigt möter han i mitten av läroanstaltens gård ytterligare en person som tilltalar honom med namn på ett mycket artigt och tillmötesgående sätt. Denne man säger till Descartes att om han kunde tänka sig att söka upp en viss Monsieur N. så hade denne något att ge honom. Descartes föreställer sig att detta var en melon som hämtats från något främmande land. Ett antal personer samlas runt den talande mannen och härvid gjorde Descartes en häpnadsväckande iakttagelse: trots att han själv och de övriga personerna var samlade på samma markyta, så står alla i gruppen stadigt på fötterna, alla utom han själv. Själv står han vinglande och dubbelvikt, och detta trots att vinden bedarrat avsevärt.

— Med denna iakttagelse i medvetande vaknade Descartes och han förnam en skarp smärta som gjorde honom rädd för att drömmen var ett verk av en ond demon som önskade bedra honom. Med ens vände han sig i sängen till sin högra sida, ty han hade somnat in och genomlevt sin dröm när han låg på sin vänstra sida. Han bad till Gud om skydd från skadliga efterverkningar av drömmen och att bli bevarad från allt ont som kunde tänkas vila över honom som straff för hans synder — synder som kunde uppfattas som allvarliga nog att frammana åskblixtar mot hans huvud, trots att hans hittillsvarande liv var oklanderligt inför åsynen av gemene man.

Efter två timmar av reflexioner över gott och ont i världen somnar Descartes igen och omedelbart efter att han somnat kommer ytterligare en dröm till honom. I denna dröm tycker han sig höra ett våldsamt buller, vilket Descartes tolkar som en åskknall. Den skräck som åskknallen alstrar inom honom väcker honom omedelbart och när han öppnar ögonen ser han fullt med eldgnistor spridda över rummet. Detta hade hänt honom flera gånger tidigare och det var inte ovanligt för honom att vakna mitt i natten med synupplevelser av ljusblixtar, som var tillräckligt starkt lysande för att han skulle kunna se glimtar av föremål i sin närmaste omgivning.

Efter det plötsliga uppvaknandet från den andra drömmen ägnar han sig en stund åt funderingar över de erfarna ljusfenomenen och Descartes lyckas återfå själslig balans och lugn, och i detta rofyllda tillstånd somnar han igen. Nu hamnar han i en tredje dröm som till skillnad från de båda föregående drömmarna saknar skräckfyllda moment.

Denna tredje dröm inleds med att Descartes på sitt bord finner en bok. I drömmen "vet" han att han inte själv lagt boken på bordet. Han öppnar boken och ser att den är ett lexikon och ett hopp tänds inom honom att denna bok skulle kunna vara mycket användbar för honom. I samma veva finner Descartes ännu en bok som han inte känner igen, och han är ovetande om hur den hamnat där den ligger. En granskning visar att boken är en samling dikter av olika författare och bär titeln *Corpus Poetarum*.

Descartes blir nyfiken på att läsa något ur boken och när han öppnar den hamnar hans blick på en dikt som inleds med raden *Qoud vitae sectabor iter?* (Vilken väg i livet skall jag följa?) I samma ögonblick visar sig en för Descartes okänd man som ger honom en del av en dikt som inleds med *Est et Non* (Det är och är inte). Mannen yttrar till honom att detta är en utmärkt dikt. Descartes svarar att han vet att den är det och att diktstycket kommer från ett *Ode till Ausonius* som finns i den diktantologi som låg på bordet.[22] Descartes vill visa diktstycket för mannen och börjar söka igenom boken. I det här läget anser sig Descartes ha gedigen kännedom om boken, såväl med avseende på innehåll som utseende.

Under det att Descartes letar efter diktstycket i boken frågar mannen hur Descartes fått tag på boken, och Descartes uppger att han inte kan svara på det och att han ett ögonblick tidigare hållit i en annan bok som nu hade för-

---

[22] *Red. anm.* Syftar på *Decimus Magnus Ausonius*, född cirka 310 e.Kr. i Burdigala (Bordeaux), död troligen 395 e.Kr, som var en latinsk retor och skald.

svunnit, utan att han visste vem som hämtat eller tagit den. Descartes har inte avslutat sitt sökande efter diktstycket när han ser den andra just försvunna boken plötsligt dyka upp igen på den andra sidan av bordet. Han lägger märke till att den återfunna boken, som han nu identifierar som det lexikon som han berättade om alldeles i början av drömmen, ej längre är komplett. Descartes tänker att lexikonet var komplett när han höll i det tidigare.

Strax därpå hittar han dikterna av Ausonius som han sökte efter i antologin, men han kan inte hitta det diktstycke som inleds med *Est et Non*, vilket leder honom till att säga till mannen som står bredvid honom att han känner till en ännu bättre dikt av samme poet, men som börjar med raden *Qoud vitae sectabor iter?* Mannen ber honom att leta efter den, och när Descartes börjar leta efter dikten i antologin så finner han en samling av ingraverade miniatyrporträtt i boken, vilket påvisar för honom att detta måste vara en mycket fin bok, men ej av den upplaga som han kände till sedan tidigare. Vid denna fas i drömmen förbleknar böckerna och mannen för att slutligen försvinna ur hans medvetande — dock utan att han vaknar.

När Descartes ännu är kvar i sovande tillstånd börjar han tvivla på om han drömmer eller är vaken. Besynnerligt nog, skriver Baillet, slår han ur sig detta tvivel, inte bara därför att han fortfarande sover, utan han ger sig även in på att tolka sin egen dröm i sovande tillstånd. Medan han fortfarande sover fäller han omdömet att lexikonet symboliserar en förening av alla vetenskaper och att den antologi som bar titeln *Corpus Poetarum* står för en syntes av filosofi och visdom. Descartes bifogar reflexionen att det inte är speciellt förvånande att även de "lättare" poeterna är rika på mer seriösa, sensibla och bättre uttryckta tankar än de tankar och idéer som återfinns i filosofernas texter. Descartes förklarar detta anmärkningsvärda faktum med det gudomliga ursprunget av entusiasm och fantasi, vilket innebär att frön av visdom dyker upp mycket enklare och klarare hos dessa poeter än i filosofernas resonemang.

Fortskridande tolkningen av drömmen medan han ännu sover tänker Descartes att den dikt som inleddes *Qoud vitae sectabor iter?*, en dikt som behandlar frågan om vilken typ av liv man bör välja, stod för ett gott råd av en vis person eller möjligen för (kristen) moralteologi.

Efter dessa reflexioner och i ett tillstånd av tvivel huruvida han drömmer eller mediterar i vaket tillstånd, så vaknar Descartes lugnt och stilla. När han öppnade ögonen så fortsatte han att tolka sin dröm i samma anda som han gjorde i sovande tillstånd. De samlade poeterna i antologin uppfattade han symbolisera uppenbarelse och entusiasm, och han kände ett visst hopp om att ha välsignats med en begåvning för att kunna realisera eller vara mottaglig just för uppenbarelser och entusiasm. Diktstycket som inleddes med *Est et Non* (Baillet flikar in att denna rad har någon form av referens till Pythagoras, huruvida Baillet grundar detta på utsagor av Descartes eller inte är oklart) menar Descartes stå för sanning och falskhet i människans kunskap och de sekulära vetenskaperna. Han var övertygad om att det var sanningens ande som valt att medelst denna dröm ge honom tillgång till alla de skatter som finns inom vetenskaperna.

Denna tredje och sista dröm, som endast innehöll angenäma och behagliga moment, uppfattade Descartes representera hans framtid: syftet med drömmen var att visa honom vad som skulle ske med honom resten av hans liv. De båda föregående drömmarna såg han som hotfulla varningar beträffande hans föregående liv, som inte var lika oskyldigt inför Gud som inför åsynen av gemene man. Det var, tänkte han, dessa maningar som förorsakat den rädsla och skräck som beledsagade den första och andra drömmen. Melonen som han blev erbjuden som gåva i den första drömmen stod, enligt hans egen tolkning, för det behagliga i ensamheten, betraktat som ett rent allmänmänskligt behov. Vinden som knuffade honom mot kapellet när han hade ont i sin högra sida, var en ond demon som med våld försökte slunga honom mot den plats som han ämnade gå till på eget bevåg. Detta förklarade varför Gud hindrade honom från att komma vidare mot sitt mål, och varför han tillät sig bli svept mot en helig plats av en ande som inte var sänd av Gud. Likväl var han övertygad om att det var Guds ande som föranlett honom att ta de första stegen i riktning mot kapellet. Skräcken som grep tag i honom i den andra drömmen representerade i hans egen tolkning samvetskval över de synder han hade begått i sitt hittillsvarande liv. Åskknallen som han tyckte sig höra var ett tecken på att sanningens ande sänkte sig ned över honom för att ta honom i besittning.

Så långt Baillet's beskrivning av en händelserik natt i Descartes liv.

— Men hur ska vi förstå talet om "sanningens ande" i Descartes försök att tolka sina drömmar? Såväl själva ordvalet "sanningens ande" som den kontext i vilken Descartes här använder detta uttryck pekar på att detta väsen i någon mening har att göra med det andligt–gudomliga, med vilket jag menar vad som står högre än det personligt subjektiva. I den tredje drömmen ser sig Descartes under influens av sanningens ande som en vis, klarskådande och kärleksfull instans som från himmelsk höjd verkar in i hans själsliv.

I den andra drömmen beskriver Descartes hur "sanningens ande" sänker sig ned mot honom för att ta honom i besittning. En bokstavlig läsning av denna formulering borde innebära att Descartes skulle skildra en process där han blir besatt av ett relativt honom själv distinkt väsen, att han skulle förlora sig själv. I Descartes liv har erfarenheter av intellektuell autonomi och tänkandets förmåga att realisera genuina, av min personliga subjektivitet oberoende, insikter en avgörande betydelse. Detta och hans syn på sin livsuppgift (att lansera en metod för att gestalta ett av klar och självständig insikt buret vetande) är i mina ögon svårt att förena med en bokstavlig tolkning av att Descartes blir tagen 'i besittning av sanningens ande'.

För mig står det klart att Descartes med sin beskrivning av sin andra dröm vill skildra ett skeende där han, genom ett inre uppvaknande, finner sig själv. Hans egentliga andliga väsenskärna blommar upp i ett inre frihetsrum. De subjektiva själsliga affekterna och hans personliga tyckanden transcenderas här av ett transsubjektivt element som förmår realisera den klara tankens insikter. När Descartes talar om sanningens ande förmodar jag att han menar detta gudomligt–andligt–översubjektiva eller möjligen hans himmelskt andliga jag. "Sanningens ande" kan influera ett mänskligt medvetande ur det övermedvetna (den tredje drömmen) men även vakna upp inom medvetandet som en transsubjektiv dimension, en andlig kärna i vårt inre (den andra drömmen).

Descartes idé om att rasera allt hittillsvarande vetande och därefter steg för steg bygga upp ett gediget eget vetande var förenad med insikten om behovet av en metod för kunskapsarbetets konstruktiva fas. För sitt tidiga men ofullbordade verk *Regulae ad directionem ingenii* (utgivet år 1628, ungefär "Riktlinjer för förståndets rätta bruk") planerade Descartes att ange 36 regler såsom en formulering av sin metod. Han författade likväl endast 21 regler i denna skrift, vilka då utgör en första formulering av Descartes forskningsmetod och kunskapsideal.[23] I *Discourse de la méthode* (utgiven 1637)[24] smälter Descartes samman det väsentliga i sin metod till fyra grundläggande regler.[25] Det är vidare i *Discourse* som Descartes stadfäster att det första steget efter utarbetandet av metoden för kunskapsarbetet måste vara att arbeta fram de översta sanningar varur alla andra sanningar kan härledas. Dessa översta sanningar innefattar en kunskap om den egna själen och om Gud och bildar innehållet i *Den Första Filosofin, Prima Philosophia*.[26] Allt vetande, i gestalt av en organisk helhet, utgöres av dessa högsta sanningar och vad som kan deduceras ur dem.[27]

> Om vi kunde se hur vetenskaperna är sammankopplade med varandra, skulle det inte vara svårare att behålla dem i våra själar än serien av tal. (AT X; 215)[28]

> Jag hade idén, att allt det som innefattas i människans kunskap är sammanvävt på samma sätt som de långa kedjor av mycket enkla och lättfattliga resonemang, vilka ofta utvecklas av geometriker. (AT VI, 19)[29]

---

[23] B s.13
[24] *Red. anm.* I svensk översättning med titeln *Avhandling om metoden* och undertiteln — *att rätt bruka sitt förstånd i vetenskaperna*.
[25] B s.13
[26] B s.12, 17
[27] B s.17, 98; A s.23–24
[28] Förf. övers. B s.10
[29] Förf. övers. B s.50; A s.24

[Den sanna filosofin utgörs av] sökandet efter de första orsakerna och sanna principerna, vilka gör det möjligt för oss att härleda vadhelst vi är kapabla att veta. (AT IXB, 5)[30]

Dessa långa kedjor av alltigenom enkla och lätta resonemang, som geometrikerna brukar betjäna sig av för att genomföra sina svåraste bevis, hade ingivit mig tanken att allt som kan bli föremål för mänsklig kunskap hänger samman på samma sätt och att det varken kan finnas något så avlägset att man inte till slut skulle nå det, eller något så undangömt att man inte skulle upptäcka det, om man bara låter bli att godta något som sant, som inte är det, och alltid bibehåller den ordning som behövs för att härleda det ena från det andra. (*Discourse* II)[31]

I skriften *Principia Philosophiae* från 1644 liknar Descartes filosofin vid ett träd vars rot utgöres av metafysiken, stammen av fysiken och vars grenar utgår från de tre huvudgrenarna mekanik, medicin och etik. I denna skrift föreställer han sig detta träd som ett rent deduktivt system.[32]

Filosofi i sin helhet kan liknas vid ett träd, var rot är metafysik, stammen är fysik och grenarna som utgår från stammen är alla de övriga vetenskaperna. (AT IXB, 14)[33]

I *Discourse de la méthode* ger Descartes en första skiss av innehållet i den första filosofin. En betydligt mer genomarbetad och genomtänkt framställning kommer i det berömda

---
[30]Förf. övers. A s.3
[31]V s. 39; A s.90
[32]B s.56, 100
[33]Förf. övers. A s.3–4

förtätade och pregnanta mästerverket *Meditationes de Prima Philosophia* (på latin 1641, översatt till franska under överseende av Descartes 1644). Här lägger Descartes grunden till sitt vetenskapliga system, vilket även inkluderar naturvetenskapliga discipliner.

I *Principia Philosophiae* (utgiven 1644 och planerad som lärobok vid universiteten) ger Descartes, utöver en kortfattad sammanställning av den första filosofin, en presentation av sin allmänna naturlära, fysiken, jämte mer specifika naturvetenskapliga teman.

Under sin tid i Holland lär Descartes känna servitrisen Helène. De inleder ett hemligt förhållande och får en dotter, Francine. Mor och dotter besöker och bor hos Descartes under oregelbundna perioder. Besökare som mötte Helène och Francine i den ryktbare filosofens hem upplystes av Descartes att de båda var nära släktingar till honom. Ett rykte hade likväl kommit i omlopp om att Descartes blivit far till ett utomäktenskapligt barn. Descartes ärkefiende Voetius utnyttjade detta som ett tillfälle att anklaga Descartes för att ha blivit far till en *son* född utanför äktenskapets helgd. Med gott samvete kunde Descartes inför domstolen försäkra att anklagelsen var falsk! Francine insjuknade dock tragiskt i en febersjukdom och dör vid fem års ålder i september 1640. En händelse som Descartes senare beskriver som sitt livs största sorg.[34]

Under sommaren 1649 får Descartes två inviter av drottning Kristina av Sverige att närvara vid hovet i Stockholm och ge drottningen privatlektioner i sin filosofi. Descartes accepterar med tvekan inbjudan och avreser till Stockholm i september samma år. Vistelsen i Stockholm blev en klar be-

---
[34]B s.58, 69

svikelse: Descartes tillfrågades sällan att närvara vid hovet och drottningen föredrog att få sina lektioner klockan fem på morgnarna i slottet. Descartes var redan vid ankomsten bräcklig och det faktum att han tvingades ändra sin dygnsrytm för att behaga drottningens önskemål var förmodligen den utlösande faktorn till att han ådrog sig lunginflammation. Han avled så i Stockholm den 11 februari 1650, endast 54 år gammal.[35]

---

[35] A s.18–19

Kapitel 2

Metoden — en ny logik

I den andra delen av *Discourse* gör Descartes följande liknelse i syfte att påminna oss om vår attityd gentemot vetandet: Det står klart att om en person finner planläggningen bristfällig i den stad han bor i så är det en orimlig föresats att riva ned staden och bygga upp en ny stad med en mer genomtänkt planlösning. Men om samma person finner att det hus han själv bor i är dåligt byggt, har bristfällig grund, och så vidare, då är det ett rimligt och till och med hedervärt projekt att riva ned huset för att sedan bygga ett nytt hus från grunden, med en stabil och ordentlig grundläggning och med en genomtänkt konstruktionsprincip.

Analogt gäller att det är orimligt att tänka att man ska rasera hela det etablerade undervisningssystemet vid universiteten; samtidigt som det är fullt berättigat, för några personer kanske till och med något av en helig plikt, att rasera sitt eget hittillsvarande "vetande" på grund av dess bristfälliga och tvivelaktiga karaktär, och ersätta det med ett nytt och genuint vetande, ordnat till en systematisk helhet. Men innan återuppbyggnadsarbetet av ens eget "hus" kan påbörjas behövs en metod för detta byggnadsprojekt.[1] Som redan nämnts behandlar Descartes detta tema i de tidiga skrifterna *Regulae* och *Discourse*. I *Discourse* anger Descartes följande fyra regler såsom själva essensen av sin metod:[2]

1. Den första var att aldrig acceptera någonting som sant om jag ej hade evident kunskap om dess sanning. Denna regel innebär att omsorgsfullt undvika förhastade slutsatser och fördomar, och att i mina omdömen inte inkludera någonting som inte visar sig för min själ så klart och distinkt att det inte finns någon anledning att betvivla omdömet ifråga.

2. Den andra, att dela upp problem som jag undersöker, i så små delar som möjligt, vilket tycks erfordras för att på ett bättre sätt kunna lösa dem.

3. Den tredje att styra mina tankar på ett ordnat sätt genom att börja med de enklaste och mest lättfattliga objekten [enkla begrepp och genom sig själva evidenta propositioner] för att sedan sakta men säkert, steg för steg stiga upp till i högsta grad komplex kunskap, och genom att anta att det finns en ordning även bland objekt som inte har någon naturlig ordning eller inbördes prioritet. [Anta att det finns en ordning även bland objekt som inte redan initialt visar sig i en given ordning. Descartes talar om att *anta* att det finns en ordning, inte om att *införa* en ordning. En tänkbar innebörd av *naturlig* i detta sammanhang vore *från början given*.]

---
[1] B s.10-11
[2] Reglerna 2–4 i *Discours* motsvaras av regerna 5–7 i *Regulae* och regel 1 i *Discourse* påminner om regel 2 i *Regulae*. B s.48.

4. Och den sista att fullgöra uppräkningar så kompletta, och undersökningar så mångsidiga, så att jag kunde vara säker på att inte ha utelämnat någonting.³

Dessa regler pekar ut en metod för att nå kunskap, enligt vilken komplicerade frågeställningar, eller propositioner vars evidens ännu är oklar, först måste reduceras till absolut enkla, odelbara "beståndsdelar" (enkla begrepp och genom sig själva evidenta insikter), och att sedan utifrån dessa försöket kan inledas att steg för steg stiga upp till mer och mer sammansatta propositioner, för att slutligen nå fram till den ursprungliga propositionen, som härvid kan bevisas vara sann eller falsk. Under *vägen uppåt* deduceras en serie propositioner som absolut evidenta och säkra. Descartes framhåller att allt som faller under det mänskliga vetandet ingår i ett strängt deduktivt system: varje proposition som ingår i detta vetande är antingen evident i sig själv eller härledd ur evidenta premisser i ett eller flera steg.⁴

I *Regulae* identifierar Descartes de högsta och enkla entiteter ur vetandet som utgör grunden för alla fortsatta deduktioner.⁵

> Människans hela kunskap består i att nå fram till en klar och distinkt varseblivning av hur alla dessa enkla naturer bidrar till sammansättningen av andra ting. (AT X, 427)⁶

Dessa *enkla naturer* uppfattas i mentala perceptioner, *intuitioner*, som är totalt klara, genomskådliga, odelbara och

---
³Förf. övers. B s.47
⁴B s.17
⁵B s.17
⁶Förf. övers. A s.27–28

absoluta. De står inte i epistemiskt beroende till något annat, utan är totalt klara genom sig själva. En intuition av en enkel natur är så odelbar, klar och lättfattlig att det är omöjligt att missförstå vad som varseblivs.[7] De enkla naturerna är grundläggande begrepp och evidenta axiom som vi kan finna genom mental introspektion. Dessa enkla naturer utgör kunskapsmoment som vi kan upptäcka i själsdjupet och de kan identifieras som *medfödda* begrepp och grundläggande insikter.[8]

Descartes delar in de enkla naturerna i tre klasser:[9]

(i) *Intellektuella naturer.* Hit hör fundamentala begrepp som *tänkande, viljande, tvivel.* Dessa begrepp kan endast tillskrivas en tänkande substans, en själ.

(ii) *Materiella naturer.* Till denna grupp räknas begrepp som endast kan appliceras på en materiell substans: *utsträckning, form, storlek* och *rörelse.*

(iii) *Gemensamma naturer.* Detta avser begrepp och axiom som kan tillämpas på såväl materiella som tänkande substanser. Bland dessa ingår begreppen *antal, varaktighet i tiden, existens* samt *logiska axiom,* såsom "Om $a = c$ och $b = c$, så är $a = b$".[10]

I tidiga verk som *Regulae* beskriver Descartes absolut säker och evident av sinnena oberoende kognition i termer av två (varandra delvis överlappande) arter av akter av intellektuell kognition: *intuition* respektive *deduktion.*[11]

---

[7] B s.16; A s.27
[8] A s.27,146; C s.90
[9] B s.17; A s.27
[10] A s.27. Jag förmodar att Descartes i detta sammanhang med likhetstecknet avser relationen identitet.
[11] B s.71; C s.114-115; A s.43 not 12

I *Regulae* finner vi följande karakteristik av akter av intuition:

> Med intuition menar jag inte sinnenas fluktuerande vittnesbörd eller bedrägliga omdömen om föreställningar, vilka utgör sammanslagningar av olika delar, utan en tanke[akt] hos en klar och uppmärksam själ som är så lätt [att realisera] och distinkt att det inte kan finnas något tvivel med avseende på vad vi uppfattar. En alternativ liktydig formulering vore att intuition är en tanke[akt] hos en klar och uppmärksam själ som inte kan betvivlas och som helt och hållet utvecklas ur förnuftets ljus.... Sålunda kan var och en i en mental intuition uppfatta att han existerar, att han tänker, att en triangel avgränsas av exakt tre sidor, att en sfär avgränsas av en singulär yta osv. (*Regulae*, AT X 379)[12]

I framställningen av den andra regeln i *Regulae* omtalas deduktion:

> [...] med vilket jag menar att man sluter sig till någonting som en nödvändig följd av andra propositioner. (AT X 369; CSM I 15)[13]

En intuition är således analog med ett sinnligt seende. En intuition är en inre av sinnena oberoende uppfattningsakt, en akt av intellektuell kognition som kan beskrivas som

---

[12] Förf. övers. A s.26. Såväl John Cottingham (A s.25–26) som James van Cleve (C s.114–115) uppfattar Descartes tal om intuition som en typ av medvetenhetsakt, ej som en typ av objekt för en medvetenhetsakt. Jag ansluter mig till denna tolkning, även om det anförda citatet ur *Regulae* kan läsas såväl som att intuition är en typ av medvetenhetsakt som en typ av objekt för en medvetenhetsakt. Vi kommer att se att Descartes med varseblivning kan mena såväl en varseblivningsakt som ett objekt för en varseblivningsakt.

[13] Förf. övers. A s.43 not 12

ett icke sinnligt, förnuftigt seende. Detta för osökt tanken till Platons förnuftiga, andliga seende av de av vår egen själ oberoende tidlösa idéerna. En viktig skillnad mellan det förnuftiga "seendet" hos Platon respektive Descartes är dock att Platon med sitt andliga öga ser extramentala idéer under det att Descartes i en intuition anser sig uppfatta kognitiva element i det inre av sin själ; intuition är för Descartes intramentala varseblivningsakter.[14]

Som en synonym till *intuition* använder Descartes *lux rationes* (*Regulae* AT X 368; CSM I 14) samt *lumen naturale* och *lumen naturea* (*Mediationes* och *Principia*)[15], vilket indikerar att Descartes uppfattar intuition som ett slags inre icke sinnliga *ljusupplevelser*. Att beskriva intuitioner som intellektuella ljusupplevelser är ett sätt att formulera eller uttrycka att de utgör transparent klara akter av kognition.

> Såsom var och en vet, ett "ljus" i intellektet innebär transparent klarhet i en akt av kognition. (Ur ett brev till Hobbes, AT VII 192; CSM II 135)[16]

En intuition kan vara en klar och distinkt uppfattning av (a) ett begrepp, (b) en sats, en proposition som är omedelbart evident genom sig själv, (c) en "enkel" deduktion, alltså en slutledning av en slutsats ur en eller flera evidenta premisser respektive (d) de enskilda stegen, i form av enkla deduktioner, ur en deduktionskedja.[17]

I de relativt *Regulae* senare texterna *Discourse*, *Meditationes* och *Principia* använder sig Descartes av uttrycket *klar och distinkt varseblivning* istället för *intuition* för att

---
[14] A s.25-26
[15] A s.25, 43 not 10
[16] Förf. övers. A s.43 not 10
[17] A s.25, 146, 43 not 12; D s.206; C s.90

karakterisera ett absolut säkert och evident tänkande.[18]

Inte minst för att belysa hur Descartes tänker kring varseblivningar bör vi se på hur Descartes resonerar kring innebörden av idéer. Följande passager förtjänar att uppmärksammas:

> ...för mig är innebörden av ordet idé gestalten hos en tanke, vilken som helst, som jag är medveten om genom att omedelbart varsebli densamma. (Second Replies, Definition II: AT VII 160)[19]

> Jag klargör härmed att jag använder ordet "idé" i betydelsen av vadhelst som är omedelbart varseblivet av själen. (Third Replies AT VII 181; CSM II 127) [20]

John Cottingham citerar Descartes i följande rader:

> I sin definition av en idé i Second Replies slår Decartes fast att en idé är "gestalten hos en given tanke, vilken som helst", och att "en tanke" definieras som någonting som är "i oss på ett sådant sätt att vi är omedelbart medvetna om densamma." (AT VII 160)[21]

En idé är liktydig med en *tanke* som i sin tur är liktydig med *en entitet varom vi är omedelbart medvetna*.

Idéer, tankar är liktydiga med omedelbart varseblivna *objekt*.[22] Emedan ett omedelbart varseblivningsobjekt är liktydigt med en tanke och en tanke nödvändigtvis måste bestämmas som en intramental entitet följer det att endast intramentala objekt kan varseblivas omedelbart.

---

[18] D s.147; B s.71
[19] Förf. övers. C s.83
[20] F. ö. C s.82 not 15
[21] Förf. övers. A s.145
[22] C s.82

Ståndpunkten att en idé, tanke är liktydig med ett intramentalt objekt varom vi är omedelbart medvetna tycks innebära att som idéer, tankar kan räknas: enskilda begrepp, propositioner, omdömen, viljeföreställningar, känslor, driftsimpulser, slutledningar, argumentationer, sinnesintryck (i form av mentala reaktioner på yttre affektioner), begär, tvivel, fantasi- och minnesföreställningar, med mera.[23]

På ett ställe hävdar dock Descartes att en idé *i strikt mening* är en bildmässig representation av ett ting, en föreställning (en minnes- eller fantasiföreställning eller en sinnesvarseblivning i form av en mental bild av det yttre objekt som gav upphov till den ifrågavarande varseblivningsbilden).

> Några av dessa tankar är så att säga bilder av ting, och det är bara i dessa fall som termen idé i strikt mening är adekvat. (AT VII 37; CSM II 25)[24]

I de anförda citaten tycks Descartes identifiera en idé med ett mentalt objekt som varseblivs omedelbart, vilket borde innebära att en idé nödvändigtvis är medveten. Descartes bekräftar denna slutsats i följande utsaga:

> ...det kan inte finnas någon tanke i oss om vilken vi ej är medvetna i samma ögonblick som den närvarar i oss. (Fourth Replies, AT VII 246; CSM II 171)[25]

Detta kolliderar med att Descartes också talar om idéer som är lagrade i själen utan att vara medvetna, men som vid behov kan kallas upp till en medveten granskning. Idéer kan lagras i en "mental skattkammare" i vårt inre från vilken de kan hämtas upp när vi så önskar.[26]

---
[23] A s.146
[24] Förf. övers. C s.82 not 16
[25] Förf. övers. C s.83
[26] A s.145

Det är inte nödvändigt att jag någonsin uppmärksammar tanken på Gud, men närhelst jag väljer att tänka på det första och högsta varandet, och härvid frambringar idén om Gud ur min själs skattkammare, är det nödvändigt att jag tillskriver honom alla fullkomligheter. (AT VII 67; CSM II 46)[27]

Descartes inför följande kategorier av idéer:

(1) *Medfödda idéer*, till exempel vår idé om utsträckning.

(2) *Idéer som är mottagna från en yttre källa*, det vill säga idéer som är verkningar av yttre orsaker. Till denna grupp hör en idé om solsystemets konfiguration samt en idé om en specifik stad.

(3) Fritt skapade *fantasiföreställningar*, såsom idéer av olika sagoväsen.[28]

En medfödd idé borde kunna vara såväl medveten som omedveten. En medfödd idé är i vår själs skattkammare redan från födseln och det är först senare i livet som vi eventuellt väcker upp den till medvetande.

Med denna presentation av Descartes reflexioner över idéer är det nu lämpligt att se närmare på hur Descartes karakteriserar ett absolut säkert och evident tänkande i termer av klar och distinkt varseblivning.

Jag vill i det följande påvisa att Descartes talar om *varseblivning* såväl i betydelsen av *en varseblivningsakt* som *det objekt mot vilket en varseblivningsakt är riktad*. Följande rader ur *Principia* är relevanta i detta sammanhang:

---
[27]Förf. övers. A s145
[28]AT VII 38; CSM II 26; AT V 165; CB 31; A s.146

En varseblivning som är närvarande och transparent för den uppmärksamma själen benämner jag klar, i samma betydelse som vi säger att vi klart ser de ting som, då de är närvarande för det betraktande ögat, affekterar ögat med en tillräcklig grad av styrka och tillgänglighet. Men en varseblivning är distinkt som ej endast är klar utan är så skarp och åtskild från allt annat så att den helt enkelt inte innefattar någonting utöver som inte är klart. (*Principia* I, art 45)[29]

Här använder Descartes *varseblivning* i betydelsen av det objekt mot vilket en varseblivningsakt är riktad.[30] En *klar varseblivning* identifieras i citatet ur *Principia* som ett objekt varom vi är omedelbart medvetna i en varseblivningsakt. Vi såg ovan att Descartes tycks inta ståndpunkten att en omedelbar varseblivningsakt endast kan vara riktad mot intramentala objekt, en omedelbar medvetenhetsakt kan endast avse "objekt" i form av tankar, idéer. En klar varseblivning förefaller sålunda vara liktydig med ett omedelbart varseblivet intramentalt objekt, en tanke, idé.

En klar varseblivning är därtill *distinkt* om och endast om (i) uppfattandet av varseblivningen är absolut säker och evident såtillvida att varseblivningssubjektet omedelbart vet att uppfattningen av varseblivningen omöjligen kan inbegripa några misstolkningar eller förväxlingar med avseende på vad som uppfattas, (ii) det uppfattade objektet, varseblivningen är totalt transparent, genomlyst av medvetandets blick och (iii) i det fall varseblivningen är en proposition eller en slutledning gäller att varseblivningen är absolut säker och evident. Ett exempel på en varseblivning som inte

---
[29]Förf. övers. C s.82–83; A s.25–26, 67
[30]C s.83

uppfyller kravet (i) skulle kunna vara en föreställningsbild av en person som plötsligt dyker upp i medvetandet och som felaktigt identifieras som en minnesbild av en person som varseblivningssubjektet inbillar sig ha mött i det förflutna. Ännu ett exempel som Descartes själv presenterar är en förnimmelse av hetta som felaktigt uppfattas som en objektiv egenskap hos ett extramentalt skeende, en eld (se nedan).

En akt av ett absolut säkert och evident tänkande kan nu beskrivas som en medvetenhetsakt som utgörs av en omedelbar uppfattning av en klar och distinkt varseblivning.[31] Exempel på klara och distinkta varseblivningar ges av propositionerna *Jag tänker* och *Två plus tre är fem*.[32]

Låt mig här i all korthet påtala ett smärre problem med det ovan anförda citatet ur *Principia*. Descartes liknar en omedelbar uppfattning av en klar varseblivning med att klart och tydligt med våra ögon se ett objekt utanför oss själva. Problemet med denna liknelse är att Descartes ju förnekar att vi överhuvudtaget kan varsebli extramentala objekt i direkta, omedelbara akter av varseblivning. All omedelbar varseblivning avser intramentala objekt och att försöka likna en omedelbar varseblivningsakt av ett intramentalt objekt med en *indirekt* varseblivning av ett extramentalt objekt förefaller vara en haltande liknelse.

En klar varseblivning som inte är distinkt är *en klar men förväxlad varseblivning*. En klar varseblivning är förväxlad om (a) uppfattandet av varseblivningen inbegriper ett felaktigt omdöme (i form av en misstolkning, förväxling) om det uppfattade objektet och/eller (b) det omedelbart upp-

---
[31] C s.111, 113, 115
[32] A s.67

fattade objektet (som är en tanke, idé, vilket kan vara en proposition eller ett omdöme) är eller innefattar ett felaktigt omdöme i form av en misstolkning, förväxling.

Descartes har (a) i åtanke när han identifierar en klar men förväxlad varseblivning med en klar varseblivning som uppfattas på ett sätt som inbegriper en förväxling, misstolkning, att uppfattningsakten tillskriver det uppfattade objektet en egenskap som i själva verket inte tillhör objektet.

Som exempel anger Descartes att en förnimmelse av hetta från en eld kan uppfattas som en egenskap hos den extramentala elden när förnimmelsen av hetta i själva verket är en subjektivt färgad intramental reaktion på en yttre affektion av den extramentala elden. Hetta är inte en objektiv egenskap hos elden utanför varseblivaren.[33]

I *Principia* ges ett exempel på att även en omedelbar varseblivning av enkla begrepp kan innefatta en förväxling. Även här har vi ett exempel på (a).

> Idéerna av modusformerna *tänkande* och *utsträckning* kan sålunda förstås klart och distinkt om de ej uppfattas som substanser eller ting som är separerade från andra ting, utan endast som modusformer av ting....Men om vi å andra sidan skulle betrakta dem utan de substanser som de närvarar i, hemfaller vi åt att uppfatta dem som bestående [självständiga] ting och härigenom skulle vi förväxla en idé om en modusform med en idé om en substans. (*Principia* I, art 64)[34]

Följande exempel illustrerar snarare (b), ett omedelbart uppfattat omdöme är felaktigt emedan det innefattar en förväxling. Om jag säger: *Jag förnimmer smärta i min fot* innefattar omdömet en komponent varom jag är klart och tydligt

---
[33]B s.71
[34]C s.86

medveten: en förnimmelse av obehag, en smärtförnimmelse. Likväl är omdömet felaktigt såtillvida att smärtan tillskrivs min fot. Smärtförnimmelsen är en intramental och subjektiv upplevelse som på sin höjd är framkallad av skeenden i min fot och förnimmelsen som sådan bevisar inte ens att jag överhuvudtaget har en fot. En patient med amputerade ben kan bevisligen uppleva fantomsmärtor i sina fötter trots att han inte längre har fötter.[35]

Ännu ett exempel på klara men förväxlade varseblivningar (som är exempel på (a)) skulle kunna vara sinnesintryck som uppfattas vara identiska med extramentala ting och skeenden.

Även om Descartes inte explicit tematiserar varseblivningar som inte är klara kan vi fråga oss vad han skulle kunna mena med varseblivningar som inte är klara, *dunkla varseblivningar*.

Ett förslag är att ett objekt kan räknas som en dunkel varseblivning om medvetandet är riktat mot objektet utan att kunna varsebli objektet i en omedelbar medvetenhetsakt. En dunkel varseblivning i denna betydelse skulle kunna vara en minnesföreställning som kan lokaliseras till "själens skattkammare" och som själen förgäves försöker lyfta fram i medvetandets ljus. Ännu ett exempel skulle kunna ges av ett extramentalt ting (såsom en blomkruka eller en motorcykel) som varseblivs *indirekt* genom att objektet på något vis framkallar en intramental förnimmelse av objektet, en förnimmelse som föranleder medvetandet att riktas mot det yttre objektet i en medvetenhetsakt som likväl inte kan presentera det yttre objektet i en *omedelbar* varseblivning.

Vi har nu sett hur Descartes resonerar kring *varsebliv-*

---
[35] AT VIII 320; CSM I 283; A s.67

ning i betydelsen av ett *varseblivningsobjekt*. Jag kan likväl peka ut två fall där Descartes använder ordet *varseblivning* i betydelsen av en *varseblivningsakt*. Jag upprepar Descartes ord:

> ... för mig är innebörden av ordet idé gestalten hos en tanke, vilken som helst, som jag är medveten om genom att omedelbart varsebli densamma. (Second Replies, Definition II: AT VII 160)[36]

Här talas det om omedelbar varseblivning som något som endast kan förstås som en akt, ordet *varseblivning* används här som ett verb. Även i följande passage ur *Principia* används ordet varseblivning som ett verb:

> Det naturliga ljuset [lumen naturae] eller den kunskapsförmåga som Gud givit oss kan aldrig få oss att uppfatta ett objekt som inte är sant om objektet verkligen uppfattas av denna förmåga, dvs. om objektet verkligen varseblivs klart och distinkt. (*Principia* I art 30, AT VIIIA 16, CSM I 203)[37]

I tredje meditationen ur *Meditationes* finns en passage där, såvitt jag förstår, uttrycket *klar och distinkt varseblivning* kan läsas såväl som ett uppfattat objekt som en varseblivningsakt.

> Beträffande denna första instans av kunskap finns det verkligen en klar och distinkt varseblivning av det som jag hävdar. (AT VII 35, CSM II 24)[38]

*

---

[36]Förf. övers. C s.83
[37]D s.147
[38]D s.147

Enligt min mening ligger det mycket i Tom Sorells tes att
Descartes med sin metod inför en ny logik.[39] Descartes uttrycker själv att han vänder sig mot den gängse hållningen till logiken.

Logik behandlades alltsedan antiken som en specifik vetenskap. Under Descartes skoltid undervisade man ännu i den av skolastiken präglade *syllogismläran*, vilken i sin tur har sina rötter hos Aristoteles. Aristoteles identifierar i den *Första* – och *Andra Analytiken* ett vetenskapligt tänkande med processen av att urskilja evidenta, sig själv bärande satser och de slutledningar som kan bildas utifrån dessa grundsatser. Alla logiska slutledningar bör enligt Aristoteles doktrin stå under någon av de giltiga formella syllogismerna. Skolastikerna tycktes härvid *identifiera* logiken med läran om de formella syllogismerna: ett resonemang är logiskt giltigt om och endast om resonemanget följer enligt de syllogistiska reglerna, om en slutsats följer ur postulerade premisser enligt en formell syllogism.

Descartes bryter mot den skolastiska logiken i följande avseenden:

(1) Han invänder explicit mot att identifiera logiken med en formell syllogismlära, genom att hävda att logiken i så fall enbart kan uppdaga nödvändiga samband mellan postulerade premisser och slutsatser, men är ur stånd att nå genom sig själva evidenta satser. Utgångspunkten för logiska resonemang kan här endast vara mer eller mindre sannolika premisser med följden att även slutsatsen endast blir mer eller mindre sannolik, även om relationen mellan premisserna och slutsatsen är nödvändig.[40] Med en sådan logik kan vi

---
[39] B s.49, 98
[40] A s.25

aldrig nå evident säkerhet i någonting. Detta utesluter likväl inte att Descartes ibland använder sig av slutledningar som är giltiga i kraft av en formell syllogism. Descartes invänder inte mot giltigheten av de formella syllogismerna som sådana utan mot hur de används inom läroanstalterna.[41]

(2) Förmodligen invänder Descartes mot ytterligare en sida hos den skolastiska logiken: att vi där har att göra med en variant av "regellogik", en logik som hävdar att ett tänkande är korrekt om och endast om det underordnar sig ett givet antal formella regler. Till en formell logik kan höra formella regler som avgör om en sats är evident genom sig själv (till exempel att en sats är evident genom sig själv om och endast om satsen är explicit analytisk) samt formella regler som visar nödvändiga samband mellan satser (såsom Aristoteles formella syllogismer). Med ett korrekt logiskt tänkande avses här ett tänkande som inte nödvändigtvis når säkra sanningar utan endast uppdagar nödvändiga logiska samband mellan satser, exempelvis "Om A är sann, så följer nödvändigtvis att B är sann."

En viktig kritik mot en dylik regellogik är att tänkandet härvid *underordnas* föreskrivande regler; tänkandet kommer efter reglerna. Problemet med detta är att man i så fall förbiser frågan om reglernas ursprung. Eventuella allmänna logiska regler måste väl sättas av tänkandet självt? Det borde inte finnas någon annan instans än tänkandet självt som *ur egen insikt* förmår sätta upp generella tankelagar.

(3) En regellogik ger en begränsande tvångströja för tänkandet.

Gentemot (1)–(3) ovan företräder Descartes med sin metod *en logik som alltid strängt utgår från evidenta och säkra*

---
[41]A s.6

utgångspunkter och inte begränsar logisk deduktion till en tillämpning av en samling formella regler.[42] Med Descartes logik produceras endast absolut säkra och evidenta sanningar. Det uteslutande kriteriet för intellektuell evidens (såväl med avseende på försanthållande av sig själv bärande grundsatser som logiska deduktioner) är det intryck av fullständig klarhet, transparens och evidens som objektet för tänkandet gör på den tänkande blicken.[43] Om och endast om den mentala varseblivningen av en idé är fullständigt klar och distinkt för ett tänkande medvetande är denna idé fullständigt säker och evident.[44]

En invändning mot Descartes logik som bland annat framfördes av Leibniz är att Descartes endast anför subjektiva kriterier för vad som är evident och säkert: en sats eller ett resonemang är säkert och sant om jag varseblir, *upplever* det (som en subjektiv förnimmelse) som sant. I denna kontrovers ligger frågan om vilket förtroende vi har till vår tankeförmåga. Om vi betraktar tänkandet som en rent subjektiv förmåga (av tyckande, upplevande) blir Leibniz kritik allvarlig. Descartes har däremot ett orubbligt förtroende till tänkandet, han ser tänkandets andliga dimension, att vi i tankeinsikten spränger ramen för det blott subjektiva, personliga. Tänkandet har för Descartes en överpersonlig, absolut karaktär. Tänkandets klara och distinkta varseblivningar ger intellektuell evidens, inte en subjektiv upplevelse eller tyckande.

Descartes förlägger den absoluta ståndpunkten i sig själv, i det egna jaget. Tänkandets insikter bär sig själva, de be-

---
[42] B s.49, 98; A s.25
[43] B s.49, 98; A s. 68; C s.81
[44] A s.68

höver inget stöd av någon yttre instans, av Gud eller några föreskrivna regler av externt ursprung. (Beroendet till Gud bildar en öm punkt i Descartes filosoferande som vi måste återkomma till nedan.) Om jaget når en evident insikt *är* denna insikt evident och säker.

Kapitel 3

Meditationes de prima philosophia

Meditationes intar en central ställning i Descartes författarskap. Denna skrift har ett förtätat filosofiskt innehåll och ger en pregnant sammanfattning av Descartes filosofiska intentioner. Han såg själv detta verk som en lämplig utgångspunkt för ett själshygieniskt arbete som syftar till att fostra själen till att kunna rikta blicken inåt mot den egna själens djup. Detta fordrar en ansträngning i att så att säga uppfostra bort det att vi oupphörligt mer eller mindre ensidigt uppmärksammar (och distraheras av) sinnenas förnimmelser. Descartes ämnade sin bok att ha en terapeutisk verkan.

Han rekommenderar läsaren att allvarligt ägna sig åt den tankegång som presenteras i den första meditationen under minst en månad för att ge meditationen avsedd verkan på själen — och denna meditation upptar två till tre sidor! Ungefär lika lång eller helst längre tid bör ägnas åt den andra meditationen, och så vidare.[1]

---

[1] B s.61

3.1 Första meditationen

Descartes inleder med att omtala att han upplever, att allt det som han hittills hållit för sant är otillfredställande, såtillvida att en känsla av tvivel och osäkerhet inställer sig gentemot allt förment vetande och alla trosinnehåll som han bär inom sig. Hans motvilja mot allt detta får honom att besluta sig för att rasera och rensa ut allt det som han tidigare hållit för sant för att därefter försöka ställa upp sanningar som är fullt säkra och omöjliga att betvivla.[2]

> Redan för åtskilliga år sedan lade jag märke till hur många falska åsikter jag i min ungdom antagit vara sanna och hur tvivelaktigt allt är som jag sedermera byggt på dem. Jag insåg därför också att jag någon gång i livet bör rasera allt och på nytt bygga upp från första grunden, om jag någonsin skall komma fram till något fast och bestående i vetenskapen. (Med. I)[3]

Grundstrategin för denna destruktionsfas blir att dra tillbaka försanthållandet av allt som kan betvivlas. Descartes framhåller vidare att det inte är nödvändigt att på detta sätt pröva vart och ett av alla försanthållanden emedan många av dessa baserar sig på andra mer grundläggande försanthållanden. Genom att betvivla grunden raseras hela överbyggnaden som ett korthus.[4]

Nästa steg blir att undersöka *vad* som kan betvivlas. En stor del av det som vi håller för sant grundar sig på sinnenas vittnesbörd. Här upplever vi ofta en mycket hög grad av säkerhet. Även om vi vet att vi kan missta oss beträffande iakttagelser av avlägsna eller mycket små föremål är vi

---
[2] A s.35
[3] F s. 91; E s.12
[4] E s.12

helt säkra på att alla föremål som vi tydligt och påtagligt ser, hör eller känner verkligen finns och att sinnena visar oss dessa ting som de verkligen är. Jag är fullt säker på att jag har ett runt bord framför mig, att jag håller i en grön penna, har bruna byxor, att de händer jag ser framför mig är mina händer, och så vidare. Men detta förtroende till mina sinnens vittnesbörd kommer likväl i gungning om jag reflekterar över mina upplevelser under sömnen. I drömmen kan jag vara helt övertygad om att jag är på en skidtur i Alperna, att jag ser snöklädda berg, att jag har blåmålade träskidor och att jag är klädd i en vit skiddress under det att jag i själva verket ligger hemma i min säng iklädd pyjamas. Mina dagsupplevelser är faktiskt, menar Descartes, helt likartade med mina upplevelser under sömnen. De ting jag ser i drömmen är lika påtagliga som dagens ting. Det finns ingenting i vare sig dags- eller drömupplevelserna som förmår mig att skilja mellan vaka och dröm.[5] Den obehagliga slutsatsen blir att det är *möjligt* att alla dagsupplevelser ingår i drömmar och att det i själva verket inte finns någon jord, ingen himmel, att det hus jag tycker mig befinna mig i inte finns, att bordet framför mig inte finns, att min kropp inte finns![6]

Men vare sig mina sinnen visar mig verkliga ting eller om alla sinnesvarse-blivningar blott är drömillusioner tycks en klass av sanningar hålla stånd mot dessa tvivel: vetandet inom matematik och geometri. Det matematiska och geometriska vetandet upplevs fast och säkert *och* vi kan förvärva detta vetande utan hjälp av våra sinnen. Även om drömargumentet påvisar att det är möjligt att sinnenas varsebliv-

---
[5]E s.13
[6]E s.13

ningar blott och bart utgör ett spel av mentala bilder utan att riktigt återge en extramental realitet inkräktar inte *detta* argument på det rena intellektets vetande.

Kanske har vi rätt att härav dra den slutsatsen att fysiken, astronomien, medicinen liksom även alla andra vetenskaper som förutsätter iakttagelse av sammansatta ting är utsatta för tvivel, medan aritmetiken, geometrin och andra vetenskaper av samma slag som behandlar endast de enklaste och allmännaste tingen och föga bryr sig om, huruvida dessa ting finns i verkligheten eller ej, innehåller något säkert och otvivelaktigt. Ty vare sig jag är vaken eller drömmer, är det sant att $2 + 3 = 5$ och att kvadraten inte har fler sidor än fyra; och att det tycks vara omöjligt att misstänka att så uppenbara sanningar är falska. (Med. I)[7]

I vårt inre finner vi, helt oberoende av sinnena, en samling generella begrepp vilkas innehåll vi varseblir vara fullständigt oberoende av oss själva, av *vårt* tänkande, tankeinnehåll som är transsubjektiva, eviga, i sig bestående rent intellektuella väsen. Dessa idéinnehåll är *reala*, det vill säga, andliga oförgängliga väsen som står i sig själva oberoende av vårt tänkande *och* oberoende av om dessa begreppsinnehåll utöver sin existens som blotta idéinnehåll instantieras som aktuellt existerande objekt.[8] Den allmänna idén om ett materiellt ting är en real idé vare sig det existerar ett materiellt ting eller inte.

Descartes närhet till Platons syn på de oförgängliga och av vårt tänkande oberoende idéerna är här påfallande. Descartes anför här, vad jag kan bedöma, en *begreppsrealism*, vilket

---

[7]F s. 93; E s.14
[8]B s.88–89; E s.14

utgjorde en av positionerna i den medeltida universaliestrid, där Tomas av Aquino försvarade begreppsrealism gentemot nominalisterna, som förfäktade att begrepp kan reduceras till mentala konstruktioner. Descartes räknar upp ett antal dylika reala idéer: de generella idéerna om ett korporealt ting, utsträckning, form, kvantitet, storlek, antal, läge och varaktighet i tiden.

> Av liknande skäl tvingas man medge att även om allmänna ting, sådana som ögon, huvud, händer o. dyl. kunde vara blott inbillade, så måste det dock finnas ting som — liksom de verkliga färgerna — utgör det material, varav allt det vi föreställer oss, vare sig det är verkligt eller inte, är bildat.
>
> Av detta slag tycks kroppsligheten[9] vara och dess utsträckning, vidare de utsträckta tingens form och kvantitet, dvs. storlek och antal, vidare den plats där dessa ting befinner sig och den tid under vilken de fortbestår o. dyl. (Med. I)[10]

Vi känner igen dessa reala begrepp från Descartes uppräkning av de enkla naturerna (de enkla naturer som inte är axiom) i *Regulae*.

Realiteten hos dessa begrepp är viktig för Descartes ty endast ur i denna mening reala begrepp kan vi härleda nödvändiga och absolut evidenta propositioner som vi inser vara

---

[9]Vad som i citatet översätts med *kroppslighet* skrivs i en engelsk översättning (E s.14) som *corporeal nature in general*, alltså kroppslighetens allmänna väsen. Detta och det sammanhang i vilket citatet är placerat leder mig till tolkningen att citatet innehåller en uppräkning av enkla naturer, väsen, som utgör reala och tidlösa idéinnehåll, transsubjektiva idéer som kan manifesteras såväl var för sig som objekt i tankeakter som komponenter i såväl extramentala ting som intramentala föreställningar. Se även citatet ur den femte meditationen ett par rader längre fram.

[10]F s. 93; E s.14

strikt oberoende av vårt eget tänkande, satser med objektiv, transsubjektiv giltighet, eviga sanningar (till exempel inom matematik och geometri).

Då jag sålunda t.ex. föreställer mig en triangel, så har denna figur, även om den kanhända inte existerar någonstans i världen utanför mitt medvetande och ej heller någonsin existerat, ändå en bestämd natur eller väsenhet eller form, som är oföränderlig och evig och som varken är uppdiktad av mig eller beroende av min själ. Detta framgår därav att man kan bevisa flera egenskaper om denna triangel, t.ex. att summan av dess tre vinklar är lika med två räta, att mot dess största vinkel ligger dess största sida och dylikt; dessa egenskaper inser jag nu klart — vare sig jag vill det eller inte — även om jag förut, då jag föreställde mig triangeln, alls inte tänkte dem, och de kan således inte ha blivit uppdiktade av mig. (Med. V)[11]

Vad Descartes vill åt är att de rent intellektuella vetenskaperna inte i någon mån rubbas av drömargumentet, ty vare sig vi drömmer eller inte har vi förmågan till insikt om att två och tre är lika med fem och att en kvadrat har fyra sidor.[12] Men är det *helt* säkert att det alls inte kan vara fallet att även den säkerhet jag upplever beträffande det vetande som förvärvas oberoende av sinnena trots allt grundar sig på inbillning? Kanske är min förnimmelse av de intellektuella begreppens realitet en illusion?[13] Dessa begrepp kanske inte är någonting utöver subjektiva bilder analogt med de övriga drömbilderna? Kan det inte vara så att ett från mig skiljt väsen genom påverkan på mig inger mig dessa förment

---

[11]F s.126; E s.44–45
[12]A s.33
[13]A s.33

evidenta intellektuella sanningar i form av enbart givna påståenden och därutöver manipulerar mig så att jag upplever dem som orubbligt säkra trots att de i själva verket är falska?
Descartes medger att det finns utrymme för tvivel även gentemot det rena tankelivets område.[14]

> Och än mer: hur kan jag veta att han inte ordnat så, att — liksom andra enligt min mening ibland tar fel i sådant som de anser sig veta fullkomligt säkert — även jag själv tar fel var gång jag adderar 2 och 3 eller räknar kvadratens sidor eller föreställer mig något om möjligt ännu enklare? ...
> Nu finns det kanhända folk som hellre skulle förneka att en så mäktig Gud existerar än betrakta alla andra ting som osäkra. Låt oss inte diskutera med dem utan medge att allt vi sagt om Gud är en fiktion. Men vare sig de nu antar att jag blivit den jag är genom ödets makt, genom en slump, genom en sammanhängande kedja av orsaker eller på något annat sätt, så gäller dock detta: ju mindre makt de tillskriver min upphovsman, desto sannolikare är det att min ofullkomlighet är så stor att jag alltid misstar mig, eftersom att misstaga sig eller fela tycks vara en sorts ofullkomlighet. På dessa argument har jag i sanning inte något svar och så tvingas jag till slut — inte av obetänksamhet eller lättsinne, utan av vägande och väl överlagda skäl — till medgivandet att ingenting av vad jag tidigare trott vara sant är otvivelaktigt; och att jag hädanefter med samma omsorg bör hålla tillbaka mitt bifall inför allt detta som när det gäller det uppenbart falska, om jag någonsin vill finna något säkert. (Med. I)[15]

---
[14] E s.14
[15] F s. 93-94; E s.14—15

Descartes oro inför att möjligtvis vara offer för en ondsint demons manipulationer leder till en närliggande problemställning: Kan en samvetsgrann självgranskning avgöra huruvida tankeakter som fullgör logiska resonemang och slutledningar sägas vara burna av *insikt* i de sammanhang som framställs eller är det ett *logiskt tvång* som får oss att tänka som vi gör. Kan det vara så att vår upplevelse av insikt är en illusion som likt ett förrädiskt draperi döljer tvångsartade tankemönster som är ofrivilligt inpräglade i vår (*subjektiva*) konstitution?

Då även Guds existens kan betvivlas så tycks nu Descartes ha nått ett veritabelt bottenläge. Han påtalar dock att det är svårt att inte åter hemfalla till sina forna försanthållanden och till en tilltro till sinnenas vittnesbörd. Med syfte att motverka denna frestande tendens bestämmer han sig för att tro att allt som i någon mån kan betvivlas är *falskt*, vilket dock inte utesluter att på detta sätt förkastade försanthållanden kan återupprättas senare om de då kan verifieras på ett sätt som inte inrymmer möjligheten av tvivel.[16]

Slutklämmen på denna första meditation är att Descartes antar att han ständigt är utsatt för påverkan av en elak och listig demon som genom ett bedrägeri får Descartes att falskeligen tro att hans sinnen visar honom en verklig värld utanför honom själv och att han ser och även på andra sätt förnimmer sin egen kropp. Antagandet om demonen inrymmer att det är *demonen* som alstrar alla dessa "sinnesintryck" i hans själ och att allt han tycker sig inse som sant är ett resultat av bedrägeri. Descartes antar att det i själva verket inte finns någonting utanför honom själv (utöver

---
[16]E s.15

denna demon) och att inte ens hans kropp existerar och att allt han tänker är falskt.

Efter att ha gjort detta antagande liknar sig Descartes vid en inspärrad fånge emedan han för evigt tycks vara instängd i sig själv, fångad i sin egen subjektivitet; en fånge som kan falla in i en angenäm sömn i vilken han drömmer att han är fri, det vill säga falla tillbaka in i en tilltro på att hans sinnen visar verkliga ting och till en tro att hans själ är "utandad" i omgivningen. Då fången är vaken är han dock bittert medveten om att hur mycket han än anstränger sig så förblir han instängd inom gränserna för sin egen själ.[17]

> Jag skall således anta att inte en allgod Gud, sanningens källa, utan någon ond ande, som på en gång är högst mäktig och förslagen, har använt hela sin energi på att bedra mig. Jag skall tro att himmel, luft, jord, färger, former, ljud och alla yttre ting intet annat är än bedrägliga drömbilder, idel fällor för min lättrogenhet som utlagts av denna ande; jag skall betrakta mig själv som om jag inte hade händer, ögon, kött, blod eller något sinne, utan blott falskeligen antog mig ha allt detta; och jag skall envist fasthålla vid detta tänkesätt. Och även om jag på detta sätt inte blir i stånd att få någon sann kunskap, så skall jag göra vad som står i min makt, nämligen beslutsamt akta mig för att ge bifall åt vad som är falskt och att bli lurad av denne bedragare, hur mäktig och förslagen han än må vara. Men detta är ett mödosamt företag och en viss tröghet drar mig tillbaka till mitt vanliga liv. Liksom fången, som kanske nyss i drömmen njöt av den inbillade friheten men sedan börjat misstänka att han sover, är rädd för att vakna och söker dra ut på den ljuva illusionen — så sjunker jag av mig själv tillbaka i de gamla åsikterna och är rädd

---
[17] E s.15

för uppvaknandet; är rädd för att det arbetssamma vakna livet skall i framtiden behöva levas inte i klart ljus utan mitt i de antydda svårigheternas ogenomträngliga mörker. (Med. I)[18]

3.2 Andra meditationen

Descartes börjar med att tillkännage att han upplevde det destruktiva skeendet i den första meditationen som att falla ned i en djup virvelström. Vad han förtvivlat söker efter är en fast punkt, någonting som är absolut säkert och otvivelaktigt sant. I sitt förtvivlade letande efter en säker utgångspunkt för sitt vetande liknar sig Descartes vid Arkimedes i dennes sökande efter en fast punkt i universum.[19]

> Gårdagens betraktelse har försatt mig i så starka tvivel att jag inte längre förmår glömma dem och ej heller ser på vad sätt de skall övervinnas. Jag känner det som om jag plötsligt fallit ner i en djup vattenvirvel och blivit så förvirrad att jag varken kan få fotfäste på bottnen eller simma upp till ytan. Ändå vill jag arbeta mig upp och på nytt pröva den väg jag slog in på genom att tvivla på allt som tillåter minsta tvivel, som om jag visste att det är fullständigt falskt. Och jag skall gå vidare på denna väg tills jag finner något säkert eller åtminstone med säkerhet inser just detta att det inte finns något säkert. Ingenting annat än en fast och orörlig punkt begärde Arkimedes för att flytta hela jorden ur dess läge, och även jag kan hoppas på stora ting, om jag blott finner den minsta sak som är säker och orubblig. (Med. II)[20]

---
[18]F s.95; E s.15
[19]E s.16
[20]F s. 95–96; E s.16

Hans beslut att på allvar göra antagandet, anamma tanken att allt som kan betvivlas är falskt har nu lett fram till att han håller för sant att det inte finns någonting utanför honom själv (förutom en ond och illvillig demon) och att han inte har någon kropp, inga sinnesorgan. Vidare att allt han tänker och tycker sig inse är illusoriskt. Tydligen menar Descartes här att om det existerar sinnesorgan så måste dessa vara kroppsliga organ.[21]

Det är utan vidare klart att ett dylikt totalt alienerat medvetande kan upplevas som ett ångestfyllt och förtvivlat mörker, som en underjordisk *trång* fängelsehåla. I denna dödspunkt kan man dock få del av en ovärderlig vinst som kan bli en *säker* utgångspunkt för en uppåtstigande, förlösande utveckling. I det djupaste mörkret kan en liten intensiv ljuspunkt tändas som strävar och längtar efter att utvecklas vidare. Mitt i den djupaste smärtan kan vi förnimma den djupaste, mest lycksaliga glädjen. Hur vi i den bottenlösa avgrunden helt plötsligt finner fast mark under fötterna och en utgångspunkt för en uppåtstigande utveckling återspeglas på ett gripande och aningsfyllt sätt i den fortsatta gången i denna skrift.

Mitt i detta hopplösa bottenlösa mörker finner Descartes en vändpunkt i sitt fallande nedåt. Även om alla så kallade sinnesintryck endast är drömbilder, även om inga av mina insikter i matematik och geometri är sanna är likväl en sanning fullständigt säker och omöjlig att betvivla: sanningen att *jag existerar*! Hur mycket än demonen försöker bedra mig är det omöjligt att jag inte finns, inte är någonting, om jag tänker eller upplever att jag existerar och är någon-

---

[21] E s.18

ting.[22] Det faktum att jag överhuvudtaget tänker, upplever mig motta sinnesintryck, skapar mig föreställningar, och så vidare, gör det helt klart att *jag är*. Om jag däremot inte vore medveten om något dylikt skeende i mig blir det genast möjligt att jag inte existerar.[23]

> Men jag har ju övertygat mig om att det över huvud taget inte finns något i världen, ingen himmel, ingen jord, inga själar, inga kroppar; skulle alltså ej heller jag själv finnas till? Nej, jag fanns säkert till, om jag övertygade mig om något. — Men det finns en högst mäktig och högst förslagen bedragare, som alltid avsiktligt bedrar mig. Utan tvivel finns alltså även jag till, om han bedrar mig; och må han bedra mig hur mycket han än förmår, aldrig skall han dock åstadkomma att jag ingenting är, så länge som jag tänker att jag är något. Efter en tillräcklig avvägning av alla skäl bör således till slut fastställas, att denna sats *jag finns till, jag existerar* är nödvändigt sann var gång jag uttalar eller tänker den. (Med. II)[24]

> Jag finns till, jag existerar — detta är säkert. Men hur länge? Jo, så länge jag tänker; ty det skulle kanske till och med kunna hända, att om jag var utan varje tanke, hela mitt jag i och med detta upphörde att finnas till. (Med. II)[25]

Men, frågar Descartes, vad är då detta jag som jag säkert vet existerar? Detta jag varken är eller inrymmer någon kropp, inga sinnesorgan. Detta jag är en *själ*, ett *tänkande ting* (*res cogitans*).[26]

---
[22]E s.17
[23]E s.18
[24]F s.96; E s.16–17
[25]F s.98; E s.18
[26]E s.18

... jag är således kort och gott blott ett tänkande ting, dvs. själ eller ande, förstånd eller förnuft — ord av för mig förut okänd betydelse. Jag är emellertid något verkligt, ett i sanning existerande ting; men på vad sätt beskaffat? Jag har redan sagt det — ett tänkande ting. (Med. II)[27]

Om det utöver detta jag, denna punktartade andliga substans, finns en kropp som kan sägas tillhöra mig återstår att se.

Detta jag, detta tänkande ting är ett ting som tvivlar, förstår, bejakar, förnekar, vill, upplever motvilja, skapar föreställningar och mottar "sinnesintryck".[28]

> Men vad är jag då? Ett tänkande ting. Och vad är detta?
> Jo, något som tvivlar, förstår, bejakar, förnekar, vill,
> icke vill och också har föreställningar och förnimmelser.
> (Med. II)[29]

Med "sinnesintryck" menar Descartes nu de bilder eller intryck som jaget mottar passivt och som *tycks* återge verkliga ting och skeenden utanför själen som framstår vara förmedlade genom sinnesorgan tillhörande min kropp (om dylika sinnesorgan existerar är ännu osäkert).[30]

> Slutligen är det också jag som förnimmer, dvs. lägger
> märke till de kroppsliga föremålen liksom med hjälp av
> sinnena; just nu ser jag sålunda ljus, hör buller, känner
> värme. Men nej — dessa förnimmelser är falska, ty jag
> drömmer! Säkert är dock att jag tycker mig se, höra,
> bli varm. Detta kan inte vara falskt, och det är detta

---
[27] F s.98; E s.18
[28] E s.19
[29] F s.99; E s.19
[30] E s.19; A s.122

hos mig som i egentlig mening kallas "att förnimma"; och just så fattat är det ingenting annat än att tänka. (Med. II)[31]

Låt oss behandla denna tankegång något utförligare. Descartes önskar undersöka naturen hos detta hans eget jag som han nu evident vet existerar. När Descartes antar att hans kropp inte existerar frågar han sig om hans jag är så intimt förbundet med kroppen att det i så fall följer att hans jag inte existerar. Absolut inte, ty det faktum att han kan tvivla på existensen av sin kropp gör det samtidigt otvivelaktigt att han tänker, och alltså att hans jag existerar. Han kan betvivla att han har en kropp, men inte betvivla att hans jag existerar så länge han tänker och tvivlar.[32] Detta resonemang låter Descartes i *Discourse* bli till ett bevis av att kropp (om jag har en kropp) och själ (jaget, medvetandet) är distinkta: Jag kan betvivla kroppens existens, men inte existensen av mitt eget jag (så länge som jag tänker). Av detta följer att kropp (om jag överhuvudtaget har en kropp) och själ är distinkta ting, olika sorters substanser.

> Därpå undersökte jag uppmärksamt vad jag var; jag fann därvid att jag kunde inbilla mig att jag inte hade någon kropp och att det inte fanns någon värld eller någon plats där jag kunde finnas, men att trots detta inte kunde inbilla mig att jag själv inte fanns till. Tvärtom: just därav, att jag tänkte på att tvivla på andra tings sanning, följde mycket klart och säkert att jag fanns till, medan jag å andra sidan inte skulle ha något skäl att tro att jag fanns till, ifall jag upphör att tänka, även om allt annat som jag någonsin föreställt mig skulle vara sant.

---
[31] F s.99-100; E s.19
[32] E s.16–17

Härav förstod jag att jag var en substans, vars hela väsen eller natur består i att tänka och som för att finnas till ej behöver någon plats och ej heller är beroende av något materiellt. På så sätt är detta jag, dvs. själen, genom vilken jag är vad jag är, helt skilt från kroppen och till och med lättare att få kunskap om än om denna; och även om denna alls inte funnes, skulle själen förbliva allt vad den är. (*Discourse* IV, AT VI, 33)[33]

En väg till att klarlägga jagets natur är att till att börja med anta att jagets identitet (vad jag är) är en människa med huvud, bål, lemmar och sinnesorgan och med en tänkande själ, en själ som tillika likt en förfinad luft eller eter genomtränger kroppen och driver på matsmältningsprocessen, lemmarnas rörelser, andningen, och så vidare. Nästa steg är att från denna bild av sig själv dra bort allt som kan betvivlas. Vi kan faktiskt argumentera för att det är tvivelaktigt att vi har en kropp, mina varseblivningar av mina händer, armar, etc. är eventuellt blotta drömbilder i mitt eget medvetande. Från mitt forna jag drar jag nu bort hela min kropp jämte alla processer som förutsätter kroppens existens: andningen, matsmältningen och till och med sinnesvarseblivningen, om vi med sinnesvarseblivning menar en real kommunikation mellan oss och en extramental värld medelst kroppsliga sinnen (sinnesvarseblivning i den modifierade betydelsen av ett passivt mottagande av mentala förnimmelser i medvetandet i form av ett "tänkande" kan däremot inte utsättas för tvivel).

Genom denna reduktion kommer vi slutligen fram till det som inte kan utsättas för tvivel. På denna väg leds vi till att medvetandegöra, vakna upp inför *ett ting*, vårt eget

---
[33] F a.48–49; A s.112

jag, eller vår egen själ.[34] Med *jaget* i sin sanna, egentliga eller som Descartes säger strikta betydelse måste, framhåller Descartes, avses en *tänkande substans*, ett *res cogitans*. Vi är ledda till insikten att detta jag har ett omedelbart medvetande om sig självt, är epistemiskt fullständigt transparent inför sig självt och sina tillstånd.

> Jag medger nu ingenting som inte är nödvändigt sant; jag är således kort och gott blott ett tänkande ting, dvs. själ eller ande, förstånd eller förnuft — ord av för mig förut okänd betydelse. Jag är emellertid något verkligt, ett i sanning existerande ting; men på vad sätt beskaffat? Jag har redan sagt det — ett tänkande ting. (Med. II)[35]

Det står nu klart att jaget redan innan denna insikt endast hade detta omedelbara medvetande om sig självt, sitt tänkande, men att jaget delvis missuppfattade sina upplevelser: jaget förväxlade till exempel sinnesintrycken (som i själva verket är strikt intramentala bilder, idéer) med omedelbara varseblivningar av ting utanför sig självt.

Alla mentala skeenden, såväl passiva receptioner som aktiva handlingar, betecknas av Descartes som *tänkande*, allt tänkande är omedelbart medvetet, kognitivt tillgängligt och transparent.[36] Till tänkande hör alltså även sinnesvarseblivning, i betydelsen av passiva receptioner av mentala idéer, och bildandet av föreställningar (jfr. nedan), skeenden som är strikt förlagda inom jagets sfär och som därmed är skyddade för tvivel, såtillvida att vi verkligen uppfattar dessa intramentala objekt, att vi uppfattar dem omedelbart.[37]

---

[34]E s.17–18
[35]F s.98; E s.18
[36]B s.83; A s.39–40; D s.145
[37]A s.122–123

Tänkande är liktydigt med ett omedelbart uppfattande av intramentala objekt, idéer: intellektuella insikter, viljeföreställningar, känslor, sinnliga varseblivningar, och så vidare. Det är just denna jagets omedelbara medvetenhet om sig självt och om vad som utspelar sig inom detta jag, alltså jagets tänkande, som bildar den orubbliga och omedelbara evidensen i satsen "Jag är", den primära och högsta insikten i Descartes filosofi som för honom bär alla andra insikter.[38]

Likväl kan vi urskilja två versioner i Descartes skrifter av denna absolut primära sats. I den andra meditationen formuleras alltså satsen som "Jag är, existerar", en sats som är omedelbart evident så länge jag tänker, är medveten om mig själv och min verksamhet. I *Discourse* finner vi istället den berömda formuleringen "Jag tänker, alltså är jag", i den ursprungliga franska upplagan (1637): "Je pense, donc je suis". I den till latin översatta versionen från 1648 finner vi de bevingade: *"Cogito, ergo sum"*.

Men omedelbart därpå märkte jag att medan jag på detta sätt ville tänka att allting var falskt [vari jag kunde finna minsta tvivel], så var det ofrånkomligt nödvändigt att jag, som tänkte detta, var något; och då jag märkte att denna sanning: *jag tänker, alltså är jag till*, var så fast och så säker att intet av skeptikernas djärvaste antaganden var i stånd att rubba den, ansåg jag att jag utan betänkligheter kunde godta den som högsta princip i den filosofi jag sökte. (*Discourse* IV, AT VI, 32)[39]

På flera ställen framställer Descartes cogito–satsen som en omedelbar intuition. Satsen *Jag tänker, alltså är jag* är en omedelbart evident sig själv bärande insikt.[40]

---

[38] B s.1; A s.39
[39] F s.47-48; A s.28-29
[40] D s.145-147

Du håller säkerligen med om du inte är lika säker på
närvaron av de objekt som du uppfattar med din syn-
förmåga som sanningen av satsen: Jag tänker, alltså är
jag. Härvid gäller att denna insikt inte utgör ett resultat
av ett resonerande [insikten är ej en slutsats i en slutled-
ning] lika lite som den utgör information som delgivits
dig av dina lärare; den är någonting som din själ ser och
känner och som hanteras på olika sätt av din själ; och
även om din föreställningsförmåga pockar på att blan-
da sig in i dina tankar och [därmed hotar att reducera]
reducerar klarheten i denna insikt, utgör den icke desto
mindre ett bevis på din själs förmåga att av Gud motta
intuitiv kunskap [ett bevis på att Gud förlänat din själ
med en förmåga att nå intuitiv kunskap]. (AT V, 137)[41]

Jagets existens är likväl endast säker så länge jaget verk-
ligen är försatt i tänkande, i medveten aktivitet. Om jaget
skulle upphöra med att tänka skulle också jagets medvetan-
de om sig självt upphöra och därmed grunden för vissheten
om sin existens. Jag upprepar ett redan tidigare anfört citat:

> Jag finns till, jag existerar — detta är säkert. Men hur
> länge? Jo, så länge jag tänker; ty det skulle kanske till
> och med kunna hända, att om jag var utan varje tanke,
> hela mitt jag i och med detta upphörde att finnas till.
> (Med. II)[42]

> Det är en motsägelse att anta att om någonting som
> tänker att detta någonting, *under den tid då det tänker*,
> inte existerar. (*Principia* I, 7)[43]

En omedelbar medvetenhet om sig själv *är* ett tänkan-
de. Descartes tillfrågades om hans cogito–sats inte i själva

---

[41]Förf. övers. D s.145
[42]F s.98; E s.18
[43]Förf. övers. A s.36

verket borde formuleras som en syllogism av följande utseende:

Premiss (1): Vadhelst tänker, existerar.

Premiss (2): Jag tänker.

Slutsats: Jag existerar.[44]

På ett ställe förnekar Descartes explicit att "cogito-insikten" utgörs av en slutledning av detta slag och han hävdar att cogito–satsens evidens strikt framgår enbart ur vad han upplever i sin egen partikulära själ. Descartes framhåller att den generella satsen *Vadhelst tänker, existerar* i själva verket är en insikt som vinnes ur en generalisering av den *partikulära* sats som utgör en formulering av cogito–intuitionen.

> Och när vi blir medvetna om att vi är tänkande existenser, så är detta en primär insikt som ej är härledd medelst någon syllogism. När någon säger *Jag tänker, alltså är jag, eller existerar* härleder han inte *existens* ur *tänkande* medelst en syllogism, utan han blir klar över detta som någonting omedelbart evident genom en odelad intuition i själen. Detta är uppenbart från det faktum att om han härledde detta medelst en syllogism, skulle han nödvändigtvis ha haft en föregående kännedom om major–premissen *Vadhelst tänker, är eller existerar*, faktum är dock att han når insikten om sin existens genom att på sig själv erfara att det är omöjligt att han skulle kunna tänka utan att existera. (*Second Replies*: AT VII, 140)[45]

Författaren till *Invändningarna* hävdar att när jag säger att *Jag tänker, alltså existerar jag*, så förutsätter jag major–premissen *Vadhelst tänker, existerar*, och sålunda har jag redan anammat en uppfattning som är en

---
[44] A s.36
[45] Förf. övers. A s.36; D s.146

förutsättning för insikten om min egen existens [...] det mest allvarliga misstaget som begås av vår kritiker är antagandet att kunskap om partikulära propositioner alltid måste härledas ur generella propositioner, där härledningen uppvisar samma ordning som syllogismerna uppvisar i *Dia-lektiken*. Han visar här hur lite han vet om på vilket sätt vi upptäcker sanningen [sanningar]. Säkert är att om vi ska kunna upptäcka sanningen [sanningar] måste vi alltid börja med att uppdaga partikulära begrepp [propositioner] för att längre fram kunna nå generella begrepp [propositioner] (det är likväl möjligt att vända denna ordningsföljd och härleda andra partikulära sanningar när vi redan har uppdagat generella sanningar). (*Appendix to the Fifth Objections and Replies*: AT IX, 205–6)[46]

Beträffande frågan om cogito–satsen verkligen kan räknas som den högsta, absolut första, alltså strikt förutsättningslösa insikten i Descartes system, medger Descartes på ett ställe att satsen förutsätter en kännedom om innebörden av begreppen *existens, tvivel* och *tänkande* jämte en kännedom om den generella satsen *Vadhelst tänker, existerar*. Men med dessa kognitiva element i ryggen är cogito–satsen trots allt en omedelbar i sig själv vilande evidens.[47]

Och när jag hävdade att propositionen *Jag tänker, alltså existerar jag*, utgör den första och mest säkra av alla propositioner för var och en som filosoferar på ett ordnat sätt, innebar inte detta att jag förnekade att man först måste veta vad som är *tänkande, existens* och *säkerhet*, och att *det är omöjligt att vad som tänker inte existerar* osv. Men emedan dessa begrepp[48] är mycket enkla och

---

[46]Förf. övers. D s.149

[47]A s.41

[48]Är det pedantiskt att här anmärka att *Det är omöjligt att vad som tänker inte existerar* är en proposition, ej ett begrepp?

av en sådan art att de tagna för sig ej ger oss någon kunskap om någonting som existerar, ansåg jag att jag inte behövde räkna upp dem. (*Principia* I, art.10)[49]

Här framställer tydligen Descartes propositionen *Vadhelst tänker, existerar* som en implicit premiss till cogito–satsen.[50]
Vi har nu sett hur Descartes, trots en viss tvetydighet, har behandlat cogito–satsen som en omedelbar intuition. I en andra version framställer dock Descartes denna insikt som ett indirekt bevis:[51]

Antag att jag har fel i mitt påstående: "Jag tänker", det vill säga, att jag är bedragen i det att jag håller "Jag tänker" för sann. (i)

Men om jag har fel i det att jag tänker, är bedragen i mitt omdöme, ligger oundvikligen i detta att jag tänker. (ii)

Ur (i) och (ii) drar vi slutsatsen: Det är oundvikligt sant att jag tänker, varur följer omedelbart att jag existerar. (iii)[52]

En närliggande variant är:

Antag att jag betvivlar satsen "Jag tänker". (i)

Punkt (i) medför att *Jag tvivlar*. (ii)

Men tvivel är ett specialfall av tänkande. (iii)

Raderna (ii) och (iii) implicerar att *Jag tänker*, varur omedelbart följer att *Jag existerar*. (iv)[53]

Descartes skriver:

Du existerar, och du vet att du existerar, och du vet detta just på grund av att du tvivlar. (AT X, 515)[54]

---

[49]Förf. övers. D s.148
[50]A s.36, 41
[51]A s.38
[52]A s.38; D s.152; E s.25
[53]A s.38
[54]Förf. övers. A s.38

Om det är sant att jag tvivlar (jag kan inte betvivla detta), är det också sant att jag existerar, för är inte tvivel en specifik typ av tänkande? [...] Jag existerar, och jag vet detta faktum på grund av att jag tvivlar, dvs. på grund av att jag tänker. (AT X, 521)[55]

Om vi uppfattar cogito–satsen som en omedelbar intuition, som grundad på vår omedelbara kännedom om våra mentala tillstånd, kan vi lika gärna välja vilket mentalt tillstånd som helst som premiss: "Jag hoppas, alltså är jag", "Jag är hungrig, alltså är jag" eller "Jag mottar sinnliga varseblivningar av ett äpple, alltså är jag" (var och en av dessa premisser innehåller endast specialfall av ett tänkande). Premisserna är här omedelbart evidenta och därmed också slutsatsen.[56]

Med termen *tänkande* menar jag vadhelst varom vi är medvetna att det sker inom oss, såtillvida att vi är medvetna om detta skeende. Sålunda ska här *tänkande* inte bara identifieras som förståndsaktivitet, viljande och akter av föreställande, utan även med sinnlig medvetenhet. Ty om jag säger *Jag ser eller går, alltså existerar jag* och uppfattar att detta [premissen *jag ser eller går*] avser [ej kroppsliga aktiviteter utan istället] den aktuella innebörden av en medvetenhet om ett seende eller ett gående, i så fall är slutsatsen helt säker, emedan den är relaterad till själen, som ensam för sig själv har förnimmelsen eller tanken att den [den individ som definieras av den ifrågavarande själen] ser eller går. (*Principia* I, 9)[57]

Ty om jag säger *Jag ser, eller jag går, alltså existerar*

---
[55] Förf. övers. A s.38
[56] A s.39–40; D s.147
[57] Förf. övers. A s.39

jag, och med detta menar att seende eller gående utgörs av kroppsliga aktiviteter, så är slutsatsen ej absolut säker. Detta beror på, vilket ofta händer under sömnen, att det är möjligt för mig att tänka att jag ser eller går, trots att mina ögon är slutna och att jag ej befinner mig i rörelse; sådana tankar skulle även vara möjliga om jag överhuvudtaget inte hade någon kropp. Men om jag med *seende* eller *gående* menar den aktuella förnimmelsen eller medvetenheten om att jag ser eller går, så är slutsatsen helt säker, emedan slutsatsen är relaterad till själen; det är blott själen som har förnimmelsen eller tanken att den [den individ som definieras av själen ifråga] ser eller går. (*Principia* I, art.9)[58]

Satsen *Jag går, alltså är jag* är inte omedelbart evident om jag med ett gående menar ett kroppsligt skeende, ty premissen *Jag går* kan betvivlas, det kan hända att jag endast drömmer att jag går och till och med att jag inte har en kropp med ben att gå med.[59]

Descartes visar på ett ställe att han godtar vilket mentalt tillstånd som helst som premiss till satsen "Jag existerar". Men de här satserna blir problematiska om vi vill omformulera dem som indirekta bevis på det sätt som var möjligt med satsen "Jag tänker" som premiss. Betrakta till exempel "Jag förnimmer hunger, alltså är jag". Av det faktum att jag är bedragen i mitt omdöme om att jag upplever hunger följer inte att jag förnimmer hunger. Om jag betvivlar att jag förnimmer hunger står det för den skull inte omedelbart klart, av rent logiska skäl, att jag trots allt verkligen upplever hunger.[60]

---
[58] Förf. övers. D s.147
[59] A s.38
[60] D s.153

Däremot fungerar följande slutledningar:

Jag är bedragen i omdömet att jag förnimmer hunger. (i)

(i) medför att jag fäller ett felaktigt omdöme, vilket måste innebära att jag tänker. (ii)

(ii) implicerar att *Jag existerar*.

Och även:

Jag tvivlar på att jag förnimmer hunger. (i)

Punkt (i) medför att *Jag tvivlar*, vilket måste innebära att jag tänker. (ii)

Ur (ii) följer att *Jag existerar*.

En ytterligare invändning mot Descartes version av jagmedvetandet, är frågan vad det är som berättigar till att hävda att det är samma jag som består i tiden, vad som borgar för att det är samma jag som vaknar upp på morgonen efter en natt av *omedvetenhet*, frånvaro av medvetet tänkande? Vidare: vem upplever inte genomgående förändringar av sin personlighet under årens lopp, hur kan vi omedelbart hävda att jaget trots dessa mer eller mindre genomgripande förändringar inte förlorar sin identitet och blir ett annat jag.

Ännu ett viktigt problem berör naturen hos jagets medvetenhet om sig självt: Är inte varje medvetenhet ett medvetande *om* något, måste inte varje instans av medvetenhet delas upp i en medveten instans, en subjektspol, och ett objekt för medvetandet, en objektspol? Med denna tankegång tycks ett omedelbart självmedvetande vara en omöjlighet. Likväl har vi en märklig inre erfarenhet av just ett omedelbart självmedvetande.

Med syftet att påvisa att sinnesvarseblivningen inte utgör en källa till genuin kunskap om den extramentala verkligheten utgår Descartes från ett studium av en bit vax som hans sinnen visar honom. Syftet med undersökningen är att fastställa vaxbitens natur, identitet, alltså svaret på frågan "Vad är detta för ett objekt?"[61] Ett eventuellt svar ska vara på formen: "Denna vaxbit är ett ting som är ..."

Till att börja med antar Descartes att den omedelbara sinnesvarseblivningen ger ett adekvat svar på frågan, såsom att den här vaxbiten som nyligen tagits ut ur bikupan är en materiell substans som är hård, har en doft av sommarblommor, är kall, gyllenbrun, avger ett distinkt ljud när man knackar på den, att den har formen av en kub och att dess volym är ca. 1,2 dl. I ett nästa steg placerar Descartes vaxbiten nära en eld. Efter en stund mjuknar vaxet och blir halvflytande, lukten ändras radikalt, färgen övergår till en ljusgul nyans, den kubiska formen försvinner, vaxet avger inget ljud utan klibbar istället om man försöker knacka på det och volymen har ökat markant. Om vaxbitens identitet fastställs av de här uppräknande sinnliga kvaliteterna (denna bit vax är ett ting som ...) måste slutsatsen bli att vaxbiten upphör i sin existens när den utsätts för eldens hetta.[62] Men Descartes genmäler att naturligtvis är det samma bit vax som nu endast visar sig i modifierad gestalt.

Exemplet visar att ingen av de sinnliga kvaliteterna kan användas för att fastställa vaxbitens natur, dess identitet. Inte ens de kvantitativa egenskaper sinnena visar oss, såsom form och volym, ger information som kan räknas till vaxbitens natur. Den genom alla växlingar bestående naturen, identiteten hos vaxbiten kan endast vara att vaxbiten är en materiell substans med utsträckning, form och storlek,

---

[61] B s,87; E s.20-22
[62] B s.87; E s.20-22

egenskaper som kan variera i det oändliga. Vaxbitens natur kan endast vara en rent intellektuell idé, inte ens en föreställning ty med föreställningsförmågan kan vi endast tänka oss ett ändligt antal *partikulära* former och storlekar. Endast med intellektet kan vi förstå, gripa en *oändlig* variationsbredd. Varken sinnena eller föreställningsförmågan förmår detta. Idén om vaxbitens natur bildas av det rena intellektet, inte ur sinnliga data och ej med hjälp av föreställningsförmågan.[63] Descartes är mån om att betona att idén om vaxbitens natur bildas oberoende av föreställningsförmågan, emedan (som vi ska se längre fram) bildandet av föreställningar är beroende av ett kroppsligt skeende (i hjärnan) under det att intellektets verksamhet är en autonom mental aktivitet.[64]

Slutpunkten i resonemanget är påpekandet att den sinnliga varseblivningen av vaxbiten inte ens utgör en evident grund för att det existerar en bit vax utanför medvetandet vid varseblivningstillfället. Det är tänkbart att det överhuvudtaget inte finns en materiell verklighet utanför medvetandet.[65] Härmed står det nu klart att sinnena inte har någon konstitutiv roll alls i ett äkta kunskapsarbete om en eventuell extramental värld.[66] Ett studium av den materiella substansens allmänna natur och vad som kan deduceras ur denna framgår strikt ur det rena intellektet, och leder till ett vetande om materiella substanser och deras egenskaper

---

[63]B s.87; E s.20–22
[64]E s.20–22
[65]E s.22
[66]Som vi ska se längre fram använder Descartes i den sjätte meditationen det faktum att vi är mottagare av sinnesvarseblivningar som en premiss för slutsatsen att det finns en extramental värld av materiella ting.

som är oberoende av om dylika materiella substanser har en faktisk existens i en extramental värld eller inte.

Jag inser nu att inte ens kroppar i genuin mening varseblivs av sinnena eller föreställningsförmågan utan endast av intellektet, och att denna varseblivning ej är ett resultat av att jag känner på eller ser dem, utan för att jag förstår dem ... (Med. II)[67]

Med sinnena eller föreställningsförmågan kan jag inte förvärva en säker kunskap om kroppar, utan endast med intellektet; jag kan inte förvärva en säker kunskap om kroppar genom att känna och se på dem, utan genom att jag förstår dem.

En fråga är nu till sist om det vetande som framgår ur det rena intellektet är tillförlitligt, eller, om den absoluta säkerhet och evidens som upplevs i detta "vetande" är genuin eller endast något illusoriskt.

Det är inte fallet, även om det kan tyckas så, att sinnesvarseblivningarna utgöres av omedelbara varseblivningar av verkliga ting och skeenden utanför mig själv. Sinnesvarseblivningarna är bilder som upplevs inom medvetandets, jagets sfär. Däremot kan jag utifrån de sinnesvarseblivningar som återger ting bilda *omdömen* såsom att en given varseblivning av ett ting[68] är förorsakad av ett verkligt ting beläget utanför mig i det läge av rummet som det varseblivna tinget tycks befinna sig i *och* att varseblivningen utgör en riktig eller endast ofullkomlig *bild* av detta ting. Antag att en sinnesvarseblivning framställer en bild av ett runt vitmålat träbord. Utifrån denna sinnesvarseblivning kan jag bilda

---
[67]Förf. övers. E s.22
[68]En "varseblivning av ett ting" definieras här som en passivt mottagen bild som förefaller återge ett ting.

omdömen som (1) denna varseblivning är förorsakad av ett verkligt existerande ting beläget utanför mig i det läge av rummet som det varseblivna bordet tycks befinna sig i och (2) sinnesvarseblivningen utgör en sann bild av detta ting. Huruvida dessa *omdömen* är riktiga är ännu en öppen fråga. Om det finns ting utanför min själ och om en kunskap om dessa ting är möjlig, kan en sådan kunskap endast förvärvas med hjälp av omdömesförmågan.[69]

Vi kan avrunda denna presentation av den andra meditationen i *Meditationes* genom framhålla att Descartes finner sin fasta, absoluta punkt i det egna individuella jaget — inte i Gud eller någon annan högre makt. Och inte heller i någon orubblig sats (grundsats eller axiom) inom logiken.

3.3 Tredje meditationen

I det ovanstående har vi sett hur Descartes använder termerna *intuition* respektive *klar och distinkt varseblivning* för att benämna kognitiva akter som är absolut säkra och evidenta.

Den inledande tankegången i den tredje meditationen avrundas med utsagan *att alla klara och distinkta varseblivningar är sanna*.

> Låt mig nu sluta ögonen, täppa till öronen, koppla ur alla mina sinnen och även utplåna ur mitt medvetande alla bilder av kroppsliga ting eller — då detta knappast låter sig göras — åtminstone betrakta dem som tomma och falska och inte tillskriva dem något värde; låt mig tala blott till mig själv, blicka djupare in i mig själv och på så sätt söka så småningom bli mer och mer bekant och förtrogen med mig själv. Jag är ett tänkande ting,

---
[69]E s.21

dvs. ett väsen som tvivlar, bejakar, förnekar, förstår ett och annat, är okunnigt om mycket, vill, inte vill och även har föreställningar och förnimmelser. Ty ehuru det jag förnimmer eller föreställer mig — som jag ovan framhållit — kanhända inte är någonting utanför mig, så är jag dock säker om att dessa arter av tänkande som jag kallar sinnesförnimmelser och föreställningar finns i mig till den del de är arter av tänkande.

Och med dessa få ord har jag räknat upp allt som jag verkligen vet eller åtminstone allt som jag hittills funnit mig veta. Låt mig nu med än större omsorg se efter om det inte möjligen finns något hos mig som jag ännu inte tagit hänsyn till. Jag är viss om att jag är ett tänkande ting. Månne jag då också veta vad som erfordras för att jag skall vara viss om något? Låt mig se! I denna min första kunskap finns ingenting annat än en klar och tydlig uppfattning av det som jag påstår. Detta skulle förvisso inte räcka till för att göra mig förvissad om en saks sanning, om det någonsin kunde hända att något som jag uppfattar klart och tydligt vore falskt. Därför tycker jag mig redan kunna uppställa som en allmän regel att allt det är sant som jag uppfattar mycket klart och tydligt. (Med. III)[70]

Här är ett par kommentarer på sin plats:

(a) Vad jag förstår anser Descartes att man kan tala om klara och distinkta varseblivningar även av rena begreppsinnehåll. En uppfattning av ett begrepp kan dock knappast sägas vara vare sig sann eller falsk, däremot kan uppfattningen av begreppet vara så klar, penetrerande och tydlig att det inte kan finnas något utrymme för missuppfattningar av det uppfattade innehållet. Klara och distinkta varseblivningar *som är sanna* borde endast kunna avse varsebliv-

---
[70] F s.103 104; E s.24

ningar av påståenden, utsagor: Om jag klart och distinkt varseblir att p så är varseblivningen sann om p är en sann utsaga.

(b) Descartes säger här att *det tycks vara möjligt* att ställa upp regeln att *alla klara och distinkta varseblivningar är sanna*. Detta är en betydligt svagare formulering än: Det är *omedelbart klart* att alla klara och distinkta varseblivningar *nödvändigtvis* är sanna.

Vi bör även notera att Descartes tycks motivera sin lansering av regeln att *alla klara och distinkta varseblivningar är sanna* med att om klara och distinkta varseblivningar kan vara falska så kan vi inte vara säkra på att en klar och distinkt varseblivning är sann. Den uppställda regeln behövs tydligen för att vi ska kunna lita på våra klara och distinkta varseblivningar.

När Descartes lanserar sin metod i *Regulae* talar han om *intuition* i betydelsen av absolut säkra och evidenta kognitionsakter, och vi angav ovan att uttrycken *intuition* och *klar distinkt varseblivning* är synonyma. Åtminstone i *Discourse* tycks Descartes tala om *klar och distinkt varseblivning* i samma betydelse som han använder ordet *intuition* i *Regulae*.

Om uttrycket *klar och distinkt varseblivning* används i samma betydelse som ordet *intuition* borde det vara en analytisk sanning, att om jag klart och distinkt varseblir att p så är det för mig omedelbart klart att utsagan p nödvändigtvis är sann, för mig måste p vara absolut säker och evident. Här kan det alltså inte vara tal om att jag behöver veta att alla klara och distinkta varseblivningar är sanna för att jag ska kunna lita på mina klara och distinkta varseblivningar.[71]

---

[71] C s.111

Descartes ordval redan i början av tredje meditationen signalerar en förskjutning av betydelsen av uttrycket *klara och distinkta varseblivningar*. Innebörden av *Jag har en klar och distinkt varseblivning av att p* förefaller nu ha modifierats till: Jag *upplever* med klarhet och tydlighet att p, jag *upplever mig* säker på att p. Här är det tal om en *subjektiv* upplevelse av klarhet, tydlighet, säkerhet och evidens.

Det är en stor skillnad mellan att tala om en kognitiv akt som är absolut säker och evident och en kognitiv akt som upplevs vara absolut säker och evident.

Om vi på detta sätt flikar in ett subjektivt moment av *Jag upplever att* i innebörden av *klara och distinkta varseblivningar* öppnas dörren för ett behov av att säkerställa att jag verkligen kan lita på en klar och distinkt varseblivning av att p samt för möjligheten av att betvivla p även om jag klart och distinkt varseblir att p.

En sådan förskjutning av innebörden av *klara och distinkta varseblivningar* skulle allvarligt desarmera poängen med den kunskapsmetod som Descartes presenterar i *Regulae* och *Discourse*.

Att Descartes fogar in ett subjektivt moment av *Jag upplever att* i innebörden av *Jag har en klar och distinkt varseblivning av att p* respektive att en sådan varseblivning kan betvivlas bekräftas av de följande raderna ur den tredje meditationen.[72]

> Men vad skall jag då säga om följande: då jag betraktade något mycket enkelt eller lätt i aritmetiska eller geometriska ämnen, t.ex. att 2 + 3 är 5 och dylikt, uppfattade jag då åtminstone detta tillräckligt klart för att påstå

---
[72] C s.111

att det var sant? Helt visst ansåg jag senare att även detta borde betvivlas; mitt enda skäl var att jag kom att tänka på möjligheten av att någon Gud kunde ha förlänat mig en sådan natur att jag bedrogs även i fråga om det som syntes mig som mest uppenbart. Var gång denna förutfattade mening om en allsmäktig Gud kommer för mig, måste jag medge att det skulle vara lätt för honom att — om han så ville — få mig att missta mig även i sådant som jag tror mig mycket klart skåda med min själs ögon. Var gång jag å andra sidan vänder mig till själva de ting som jag tror mig uppfatta mycket klart, så övertygar jag mig om deras existens med en sådan tydlighet, att jag inte kan låta bli att utbrista: bedra mig den som kan — aldrig skall han dock kunna åstadkomma att jag inte är något, så länge jag tänker att jag är något, eller att det någonsin kan vara sant att jag aldrig funnits till, om det nu är sant att jag finns till, eller att 2 + 3 är mer eller mindre än 5 och mera sådant vari jag ser en påtaglig motsägelse. Och då jag inte har någon anledning att anta en så bedräglig Gud och tills vidare inte ens med bestämdhet vet om det finns en Gud, så är det skäl för mitt tvivel som beror enbart på nämnda tanke förvisso ytterst svagt och så att säga metafysiskt. För att emellertid undanröja även detta skäl bör jag vid första tillfälle pröva huruvida det finns en Gud och — om han finns — huruvida han kan vara en bedragare; ty så länge jag inte vet detta, ser jag inte hur jag någonsin skall kunna vara fullständigt säker om något annat. (Med. III)[73]

Om det nu är så att Gud skapat mitt jag, vore det inte möjligt, ja synnerligen enkelt, för min Skapare att bilda min natur så att jag är bedragen även i de fall då jag tycker mig

---

[73] F s.104–105; E s.25

erfara klara och distinkta varseblivningar, såsom att två och tre blir fem?[74] Och om jag inte vore skapad av Gud utan av en kedja av lägre orsaker (en naturprocess) är det väl fullt rimligt att anta att jag är skapt så att jag har en (subjektiv) upplevelse av säkerhet och evidens trots att det bara handlar om en subjektiv känsla, övertygelse av omdömen som i själva verket är falska.[75]

Den enda utvägen ur dilemmat är, tycks Descartes mena, att bevisa:

(a) att Gud existerar,

(b) att Gud har skapat mitt jag, och

(c) att Gud inte är en bedragare, det vill säga, låter mig uppfatta som absolut säkert och evident det som i själva verket är falskt.

Nu tycks alltså Descartes ställa sig i ett beroendeförhållande till Gud, vilket bryter mot det i det föregående framställda glansfulla förtroendet gentemot hans egna kognitiva förmågor. Vidare: hur ska jag kunna bevisa de ovanstående teserna (a), (b) och (c) om jag inte kan lita på mina kognitiva förmågor *utan* att redan innan ha säkerställt evidensen hos (a), (b) och (c)? — Descartes tycks hamna i en allvarlig ond cirkel, en problematik som man brukar kalla *den cartesianska cirkeln*, ett tema som vi återkommer till nedan.

När vi nu under den återstående delen av den tredje meditationen övergår till beviset av (a), (b) och (c) framstår det som högst problematiskt att Descartes faktiskt enligt

---
[74]D s.151
[75]E s.14

egen utsago behandlar vad han klart och distinkt varseblir som absolut säkert och evident.

Descartes inleder den tankegång som ska till att ge beviset för Guds existens med att inskränka innebörden av begreppet *idé* till att betyda en idéell representation av ett objekt eller en typ av objekt.[76]

> Somliga av dem [mina tankar] är liksom bilder av tingen, och det är blott dem namnet "idé" tillkommer i sträng mening: så t.ex. när jag tänker mig en människa eller ett vidunder eller himlen eller en ängel eller Gud. (Med. III)[77]

Idéer i denna betydelse innefattar bildmässiga föreställningar (idén av ett rött äpple eller en enhörning). Till idéer i ordets genuina betydelse räknar Descartes även icke bildartade rent intellektuella idéer vilkas innehåll likväl bestämmer ett objekt eller en typ av objekt (idén av ett väsen som är det i alla tänkbara avseenden fullkomligaste väsendet eller idén av en tusenhörning).[78] Bland alla tankeinnehåll (idéer, viljeföreställningar, känslor, önskningar och påståenden) är det endast påståenden som kan vara sanna eller falska, under det att uppfattningen av idéer (i den här införda inskränkta betydelsen) varken är sanna eller falska.

Descartes motivering för tanken att representativa idéer varken är sanna eller falska består i det att en representativ idé som sådan helt och hållet saknar relationer till något annat. Detta skulle kunna vara fallet med idéer i form av rent bildartade mentala objekt som inte innefattar någon referens till något utöver dem själva. Sinnlig varseblivning

---
[76] B s.77
[77] F s.105; E s.25
[78] B s.77

skulle kunna beskrivas som ett mottagande av dylika blotta bilder av ting eller uppfattningar av blotta sinnesdata (färger, smaker, lukter, etc.).

En varseblivning, uppfattning av en idé identifieras här med en medvetenhetsakt som *uteslutande* uppfattar den ifrågavarande idén som ett mentalt objekt. En medvetenhetsakt som refererar idén till ett objekt eller en typ av objekt klassas här som ett omdöme om den ifrågavarande idén (Exempel: (1) *Detta är en idé om min far som sanningsenligt återger min fars fysionomi.* (2) *Denna min idé om Gud fastställer essensen hos Gud som existerar oberoende av min tankeförmåga.*)

> Vad nu idéerna beträffar, så kan de — betraktade för sig själva och inte i relation till något annat — inte vara falska i egentlig mening. Ty vare sig jag föreställer mig en get eller ett vidunder, så är det inte mindre sant att jag föreställer mig det ena än att jag föreställer mig det andra. Inte heller kan man befara någon falskhet i själva viljandet eller i affekterna; ty det jag önskar mig må vara hur orätt som helst, ja, det må vara sådant som inte finns någonstans, så är det ändå sant att jag önskar mig det. Så återstår bara omdömen i vilka jag kan befara att missta mig. (Med. III)[79]

Descartes uttalanden om representativa idéer är likväl delvis problematiska. Rent intellektuella idéer (såsom idén av Gud som det tänkbarast fullkomliga väsendet) kan inte beskrivas som blotta bilder. Nedan ska vi se att Descartes framhåller att en idé om en tusenhörning inte kan identifieras med en mental bild i form av en figur med tusen hörn. Några rader längre fram ska vi också se att Descartes presenterar en version av representativa idéer enligt vilken varje

---
[79] F s.106; E s.26

representativ idé som ett mentalt objekt faktiskt innefattar ett representativt innehåll, vilket innebär att varje representativ idé har en relation till något annat, en referens till ett objekt eller en typ av objekt, en referens som existerar eller inte existerar (det senare är fallet med fantasiföreställningar).

Idéerna kan delas in i (i) *medfödda* (till exempel idéerna om *utsträckning* och *existens*), (ii) idéer av främmande, externt ursprung, *tillfälliga idéer* (sinnesvarseblivningar) och (iii) idéer som är bildade av jaget självt (fantasiföreställningar såsom idén om en *enhörning*).

> Av dessa idéer är nu — såvitt jag kan se — somliga medfödda, andra utifrån kommande och åter andra av mig själv gjorda. Ty att jag förstår vad ett ting, vad sanning, vad tänkande är — det anser jag mig inte ha fått från något annat håll än från min egen natur; att jag åter nu hör ett buller, ser solen, känner elden — det härstammar, såsom jag hittills ansett, från ting utanför mig; sirener, hippogryfer och liknande bildas slutligen av mig själv. (Med. III)[80]

Att sinnenas varseblivningar mottas passivt, vare sig vi vill eller inte, är absolut säkert.[81]

> Jag är ett tänkande ting, dvs. ett väsen som tvivlar, bejakar, förnekar, förstår ett och annat, är okunnigt om mycket, vill, inte vill och även har föreställningar och förnimmelser. Ty ehuru det jag förnimmer eller föreställer mig — som jag ovan framhållit — kanhända inte är någonting utanför mig, så är jag dock säker om att dessa arter av tänkande som jag kallar sinnesförnimmelser

---
[80]F s.106; E s.26
[81]A s.122—123

och föreställningar finns i mig till den del de är arter av tänkande. (Med. III)[82]

Jag har också en sorts passiv förnimmelseförmåga [motsvarande översättning i E: "passive faculty of sensory perception"], dvs. förmåga att motta och uppfatta idéer om sinnliga ting; men jag skulle inte kunna göra bruk av den, om det inte hos mig eller något annat också fanns en aktiv förmåga att frambringa eller bilda dessa idéer. Hos mig kan den dock förvisso inte finnas, eftersom den inte förutsätter något som helst tänkande och eftersom dessa idéer frambringas utan min medverkan, ja, ofta också mot min vilja. (Med. VI)[83]

Men utöver detta vet jag av erfarenhet att dessa [sinnliga] idéer ej beror på min vilja, och att de sålunda ej bara beror på mig. (Med. III)[84]

Vi är inte omedelbart medvetna om någon aktiv förmåga inom vår själ som producerar våra sinnesvarseblivningar, vilket måste innebära att deras orsak måste förläggas utanför jagets sfär. Sinnesvarseblivningen ger idéer, bilder av ting vilka i sin egenskap av blotta idéella representationer varken är sanna eller falska. En möjlighet till falskhet, att vara bedragen ligger först i de *omdömen* vi kan fälla om dessa idéer, såsom omdömen om att de och de idéerna är förorsakade av materiella ting belägna utanför oss själva och som liknar våra sinnliga varseblivningsbilder.[85]

Det största och vanligaste misstag som kan finnas i dessa består nu däri att jag om de idéer som finns hos mig fäller omdömet att de liknar eller överensstämmer med

---
[82]F s.103–104; E s.24
[83]F s.137; E s.55
[84]Förf. övers. E s.26
[85]E s.25–26

vissa ting utanför mig. Ty om jag blott betraktade själva idéerna som arter av mitt tänkande och inte hänförde dem till något annat, så skulle de knappast kunna ge anledning till misstag. (Med. III)[86]

Descartes framhåller att omdömet att sinnesvarseblivningarna är förorsakade av materiella ting som liknar sina idéella representationer i medvetandet har sin grund i vår subjektiva natur, det sätt på vilket vi är konstituerade. Dessa omdömen framkallas av en spontan, instinktiv impuls, *ej* ur det naturliga ljus som enbart är i stånd att ge absolut evident insikt som inte kan betvivlas. De ifrågavarande omdömena *kan* sålunda utsättas för tvivel.

I denna sak bör emellertid främst undersökas på vilken grund jag tror att de idéer som jag anser vara liksom tagna från utanför mig existerande ting liknar dessa ting. Jo, naturen tycks lära mig detta. (Med. III)[87]

Då jag här säger att naturen lär mig det, så menar jag härmed bara att det är en sorts spontan drift som förmår mig att tro härpå, och inte ett naturligt ljus som visar mig att det är sant. (Med. III)[88]

Jaget är omedelbart medvetet om sig självt och jaget är inte omedelbart medvetet om den aktiva princip som framkallar sinnesintrycken. Den evidenta slutsatsen av detta är att de sinnliga idéernas orsak står att finna utanför jaget. Men det är av detta inte alls evident huruvida denna orsak står att finna inom vår egen kropp (om vi har en kropp, jfr. 1:a meditationen), i en illvillig demon eller i externa materiella objekt belägna utanför oss själva. Om det förhåller sig

---

[86]F s.106; E s.26
[87]F s.106; E s.26
[88]F s.107; E s.26–27

så att de sinnliga idéerna framkallas av extramentala materiella objekt är det likväl i högsta grad oklart huruvida de sinnliga idéerna dessutom *liknar* sina orsaker.

Och slutligen: även om de [de sinnliga idéerna] skulle härstamma från ting som är skilda från mig, så följer härav inte att de måste likna dessa ting. Ja, ifråga om många av dem tycker jag mig ofta ha iakttagit stor olikhet. Så t.ex. finner jag hos mig två olika idéer om solen. Den ena är liksom hämtad från sinnena och bör alldeles särskilt räknas till dem vilka jag betraktar som utifrån kommande; i den ter sig solen ytterst liten för mig. Den andra åter är hämtad från astronomins beräkningar, dvs. framdragen ur vissa hos mig medfödda begrepp, eller också är den på något annat sätt gjord av mig; i den framstår solen som åtskilliga gånger större än jorden. Båda dessa idéer kan förvisso inte vara lika en och samma utanför mig existerande sol, och förnuftsskäl övertygar mig om att den idé som är mest olik den är den som mest omedelbart synes härstamma från den. (Med. III)[89]

Descartes bevis av Guds existens här i tredje meditationen[90] är såväl med avseende på sin anda som sin terminologi präglat av den skolastiska filosofin.[91]

---

[89]F s.107; E s.27

[90]E s.27–29; B s.72–73; A s.49, 55

[91]*Red. anm.* I följande rader analyserar författaren Descartes argument för Guds existens, vilket i engelskspråkig filosofi kallas *the trademark argument*, ungefär "varumärkesargumentet". Kärnan i argumentet, som jag tolkar det, är ungefär följande:

"I min själ finns en idé om Gud. Men denna idé är en idé om något så fullkomligt, mäktigt och fantastiskt (har så hög grad av objektiv realitet), att den till orsak helt enkelt inte kan ha något av en lägre grad av verklighet än — Gud (något av lägre grad av formell/aktuell realitet). Alltså existerar Gud."

Den *aktuella* eller *formella verkligheten* hos ett objekt eller en entitet som existerar aktuellt (och inte blott potentiellt) är objektets, entitetens verklighet i sig själv.

Utöver att ha en verklighet i sig själv, att ha en formell verklighet, kan en aktuellt existerande entitet även existera som ett representativt innehåll i en idé, varvid den ifrågavarande entiteten *närvarar objektivt* i idén, entiteten har en *objektiv verklighet* i idén.

Varje idé (i den tredje meditationen inskränker som vi sett Descartes betydelsen av idéer till *representativa idéer*) har en formell verklighet som ett mentalt objekt. Idéns formella verklighet är idéns verklighet i sig själv, en verklighet som kan beskrivas som ett aktuellt existerande mentalt objekt.

Varje idé har även en objektiv verklighet som utgör en representativ närvaro av en relativt idén distinkt entitet.

Descartes resonemang innefattar även att han talar om att olika objekt, entiteter uppvisar olika grader av formell verklighet. En entitet kan uppvisa en högre grad av formell verklighet än en annan.[92] En substans har till exempel en högre grad av formell verklighet än en accidens, egenskap hos en substans. En finit substans har lägre grad av (formell)

Låt dig inte bli förvirrad av den skolastiska terminologin här. Termerna 'objektiv' respektive 'formell' har omvänd betydelse i förhållande till vad man kanske skulle förvänta sig (baserat på vanliga användningar av de här orden i modern filosofi), alltså att "formell realitet" borde vara den sorts verklighet något har såsom en idé, föreställning, medan "objektiv realitet" skulle vara sakens verklighet oberoende av om den närvarar såsom idé i mitt eller ditt medvetande. Men det är alltså tvärtom här: 'objektiv' bör leda tankarna till "såsom varande ett objekt för ett medvetande".

[92]B s.72–73; E s.28

verklighet än Gud.[93] Graden av formell verklighet hos en entitet kan också beskrivas som en grad av fullkomlighet hos entiteten ifråga.

I den fjärde meditationen använder Descartes sitt koncept om olika grader av verklighet genom att framställa sitt eget jag som ett mellanting mellan ett väsen med den absolut högsta graden av verklighet, Gud, och ett rent icke–vara, ett intet.[94]

Även den objektiva verkligheten i olika idéer kan uppvisa olika grader, varvid graden av objektiv realitet i en idé definieras av graden av formell verklighet hos den entitet som närvarar objektivt i den ifrågavarande idén.

Alla (representativa) idéer har samma grad av formell verklighet, under det att graden objektiv verklighet hos olika idéer kan uppvisa olika grader. En idé om Gud har högre grad av objektiv verklighet än en idé om en finit substans, som i sin tur har högre grad av objektiv verklighet än en idé om en accidens.

Varje aktuellt existerande entitet måste kunna beskrivas som en verkan av en effektiv orsak i form av en distinkt likaledes aktuellt existerande entitet.[95] Ur ingenting kan ingenting uppstå (*ex nihilo nihil fit*).

Låt nu entiteten A ha entiteten B som effektiv orsak. Härvid är det, resonerar Descartes, evident att:

---

[93] En dylik indelning av olika varanden i olika grader av verklighet finner vi även hos Platon, Plotinos och (under skolastiken) hos Tomas av Aquino.

[94] E s.38

[95] Ett flagrant motexempel mot denna princip är Gud. Problemet botas inte även om vi stipulerar att Gud är sin egen orsak. Ett alternativ till att uppfatta ett (effektivt) kausalsamband som en relation mellan två ting är att beskriva kausalitet som en relation mellan två händelser.

Graden av formell verklighet i B måste vara lika stor som eller högre än graden av formell verklighet i A. (P1)

En själ kan sålunda inte ha ett oorganiskt ting som orsak (om vi antar att en själ har en högre grad av formell verklighet än ett livlöst fysiskt objekt). På ett ställe i resonemanget yttrar Descartes att samma slags innehåll eller en högre form av detta slags innehåll måste återfinnas i den entitet som utgör orsaken till en entitet med ett givet innehåll, vilket associerar till Empedokles doktrin att lika blir till av lika. Men strax efter denna utsaga backar Descartes tillbaka till (P1):

> Hetta kan bara bli till av varma ting [hetta i ett varmt ting] eller av något annat med åtminstone samma grad av fullkomlighet.[96]

Ännu en princip i beviset av Guds existens ges av:

> Låt (den representativa) idén A ha entiteten B som effektiv orsak. Härvid måste graden av formell verklighet i B vara större än eller lika med graden av objektiv verklighet i A. (P2)

På ett ställe i resonemanget modifierar Descartes (P2) till:

> Vad som närvarar som objektiv verklighet i en representativ idé kan som formell verklighet identifieras som orsaken till den ifrågavarande idén. (P2')

Ännu en modifikation av (P2) ges av:

> En representativ idé A kan vara en kopia av en annan idé B (varvid B skulle vara den effektiva orsaken till A) och

---

[96]Graden av fullkomlighet i en entitet är som vi sett identisk med entitetens grad av formell verklighet.

idén B kan i sin tur vara en kopia av en idé C osv. Men en dylik kausalkedja som från en verkan härleder dess orsak kan inte bli en infinit regress. Efter ett ändligt antal steg (det kan vara endast ett ändligt antal steg) måste man landa i att en representativ idé (som eventuellt är idén A) härleds som en verkan av en entitet som inte är en representativ idé, varvid den objektiva verkligheten i idén återfinns som formell verklighet i orsaken till idén. (P2″)

I vår själ finner vi en idé om Gud, alltså ett väsen som, under förutsättning att detta väsen existerar, skulle ha den tänkbarast högsta graden av fullkomlighet, den tänkbarast högsta graden av formell verklighet. Av (P2) följer nu att idén om Gud i min själ måste ha Gud till orsak. Sålunda bevisar närvaron av idén om Gud i min själ att Gud existerar.[97]

Nästa led i Descartes tankegång i den tredje meditationen är att bevisa att min själ har Gud som effektiv orsak.[98]

Här börjar Descartes med att pröva antagandet (1) att min själ är orsak till sig själv, att min själ har skapat sig själv. Descartes presenterar två vederläggningar av (1).

Den första av dem, vederläggning (i), går ut på att om min själ skapat sig själv skulle jag inte tvivla på, sakna eller begära någonting överhuvudtaget, eftersom jag själv skulle ha förlänat mig samtliga fullkomligheter varom jag har idéer, och sålunda skulle jag vara Gud. Vad jag förstår kan vi urskilja ett par implicita premisser i denna vederläggning (i) av (1):

---

[97] E s.31–32, 35. Med Descartes lansering av (P2) måste man medge att slutsatsen att Gud existerar är välgrundad. Likväl saknar jag i Descartes text en rak och explicit formulering av hur (P2) leder till slutsatsen att Gud existerar.

[98] E s.33—34

Några stycken längre fram i den tredje meditationen framhåller Descartes att idén om Gud i min själs inre är medfödd. Min själ innefattar idén om Gud som en medfödd idé. Idén om Gud är sålunda inte inplanterad i min själ som en från min själ distinkt entitet som blott närvarar i densamma. (T1) [99]

Av (P2) följer att idén om Gud måste vara en verkan av Gud. (T2)

Att skapa min själ måste sålunda inbegripa att skapa idén om Gud i min själs inre. (T3)

Av (1), (T2) och (T3) följer nu att min själ måste vara identisk med Gud. (T4)

Med tanke på Guds absoluta fullkomlighet innebär (T4) att det är omöjligt att jag skulle kunna tvivla på, sakna eller begära någonting. (T5)

Men det är ett faktum att jag har plågats av tvivel och begär och att jag kan peka på mycket som saknas (jag är till exempel definitivt inte allvetande) i min själ. (T6)

(T5) och (T6) visar att min själ inte kan identifieras med Gud, vilket slutligen klargör att (1) är ett falskt antagande.

Vederläggning (ii) av antagande (1) har följande innebörd:

Det är betydligt svårare att skapa sig själv, skapa sig själv ur ingenting, än att realisera att min själ är allvetande. (T7)

Om det vore så att jag skapat mig själv skulle jag med tanke på (T7), även realiserat att min själ vore allvetande. (T8)

Det är uppenbart att jag inte är allvetande. (T9)

Av (T8) och (T9) följer nu att det inte kan vara fallet att min själ skapat sig själv: antagandet (1) är falskt.

Kan jag av vederläggningen av (1) sluta mig till att min själ nödvändigtvis har en effektiv orsak i form av en rela-

---
[99] E s.35

tivt min själ distinkt entitet? Descartes anför ett argument som hotar denna slutledning: Om min själs existens bakåt i tiden antas vara oändlig förefaller det inte vara oundvikligt att min själ överhuvudtaget har en effektiv orsak, min själ behöver inte vara skapad vare sig av sig själv eller av en relativt sig själv distinkt entitet. Kan inte den innevarande existensen av min själ sägas vara en logisk följd av min själs existens vid ett föregående ögonblick (vilket som helst)?

För att skjuta denna invändning i sank utvecklar Descartes ett intressant resonemang: Utsagan *Entiteten A har en effektiv orsak* kan tolkas på två sätt:

(a) A är skapad, producerad av en relativt A skild orsak vid en föregående tidpunkt. Detta är en *horisontell kausalrelation.*

(b) A är vid varje ögonblick av sin existens skapad, producerad av en relativt A skild entitet. Detta är en *vertikal kausalrelation.*

Descartes hävdar nu att varje aktuellt existerande entitet (Descartes borde här inflika anmärkningen att han härvid endast avser entiteter distinkta från Gud) måste ha en effektiv orsak i den vertikala betydelsen. En aktuellt existerande entitet är vid varje ögonblick av sin existens skapad, producerad av en effektiv orsak, en relativt den ifrågavarande entiteten skild entitet. [100]

---

[100] Med denna idé om vertikalt verkande orsaker kan man fråga om det går att tala om att en entitet, ett objekt kan uppvisa en bevarad identitet genom tid. En entitet tycks endast kunna existera momentant. Här leds tanken otvunget till Herakleitos flödesdoktrin. Ännu en fråga som väcks i samband med Descartes tal om vertikal kausalitet är om en entitet kan ha såväl en vertikal som en horisontal orsak. Detta framstår som omöjligt om vi med en orsak avser en *effektiv* orsak. Om

Den innevarande existensen av min själ är inte en logisk följd av att min själ existerade vid en föregående tidpunkt. Tvärtom fordrar den innevarande existensen av min själ en simultant verkande effektiv orsak i form av en relativt min själ skild entitet, den innevarande existensen av min själ förutsätter en *vertikal* orsak.

Men vad är den simultant verkande orsaken till min själ i detta nu? Av (P1) sluter sig Descartes till att denna orsak ävenledes måste vara ett tänkande ting, en själ eller en ande S som i likhet med min egen själ innefattar en idé om Gud. Här är två fall tänkbara:

(s_1) S är skapad av sig själv, är sin egen orsak (skapar sig själv vid varje ögonblick av sin existens). Här är S identisk med Gud.

(s_2) S är inte sin egen orsak. I så fall måste även S ha en simultant verkande effektiv orsak S' i detta nu. Enligt (P1) måste även S' vara ett tänkande ting som innefattar en idé om Gud.

Med utgångspunkt från min egen själ vid detta nu har vi tydligen uppdagat en vertikal kausalkedja med åtminstone en länk.

---

en entitet produceras på nytt vid varje ögonblick av sin existens finns det inget utrymme för någon effektiv orsak av entitetens existens utöver denna vertikalt verkande orsak. Men om vi med en orsak snarare avser en *förklaring* kan vi hävda att det förekommer eller till och med är nödvändigt att en vid ett givet ögonblick aktuellt existerande entitet E har såväl en vertikal som en horisontell orsaksförklaring såtillvida att entiteten i det innevarande ögonblicket produceras av en entitet A (vertikal orsak) som att denna produktionsakt förklaras av, motiveras av en entitet F (likadan som E eller mer eller mindre olikartad) som existerar omedelbart före produktionsakten av E (i denna beskrivning identifieras en entitet med en entitet som endast kan existera momentant).

Descartes förnekar nu att denna kedja skulle kunna vara oändlig. Efter ett ändligt antal steg måste vi nå den högsta punkten i kedjan: Gud.[101] Det är härmed bevisat att min själ vid varje ögonblick av sin existens direkt eller indirekt har Gud som vertikal effektiv orsak.

Om Descartes istället för (P1) hänvisade till (P2) ligger följande alternativa slutledning nära till hands: Med tanke på att min själ innefattar en medfödd idé om Gud kan vi med (P2) sluta oss till att den vertikala effektiva orsaken till min själ måste vara Gud. (P2) kan inte tillåta några mellanled mellan min själ och Gud i den vertikala kausalrelationen.

Att vara en bedragare är en defekt och Gud är absolut fullkomlig. Sålunda är Gud ingen bedragare.

> Jag talar om den Gud vars idé finns hos mig, dvs. om den som äger alla fullkomligheter, vilka jag inte kan fatta men på något sätt dock kan vidröra med min tanke, och som inte lider av några som helst brister. Härav framgår till fullo att han inte kan vara bedräglig; ty att svek och bedrägeri beror på någon brist är uppenbart för oss genom det naturliga ljuset. (Med. III)[102]

När det sålunda står klart att Gud inte är en bedragare och att min själ vid varje ögonblick av sin existens har Gud som direkt effektiv orsak framstår det som omöjligt att det skulle finnas utrymme för illusioner och missförstånd med avseende på mina klara och distinkta varseblivningar. — Med detta avrundas den tankegång som Descartes utlovade på ett tidigt stadium i den tredje meditationen, en tanke-

---

[101]Tomas av Aquino hävdade att en horisontell kausalkedja bakåt i tiden kan vara oändlig under det att en vertikal orsakskedja i uppåtgående riktning måste vara ändlig.
[102]F s.117; E s.35

gång som han ansåg nödvändig för att säkerställa tillförlitligheten hos våra klara och distinkta varseblivningar.

En brist i Descartes resonemang är att han bevisade att Gud är den direkta *eller indirekta* vertikala orsaken till min själ. Om det är tänkbart att det kan finnas mellanled mellan Gud och min själ (i form av relativt Gud lägre stående väsen, se ovan) borde det finnas utrymme för att något av dessa väsen skulle kunna uppvisa en bedräglig natur. Vi såg dock i det ovanstående att Descartes egna principer borde implicera att Gud är den direkta orsaken till min själ.

Efter det att Descartes arbetat sig fram till den evidenta insikten att han existerar, en insikt som närmare kan preciseras till att hans själ, ett tänkande ting, har nått en orubblig förvissning om sin egen existens, är det till att börja med en öppen fråga huruvida det är möjligt att med absolut säkerhet sluta sig till att det finns en verklighet (i någon form) utanför gränserna av min själ.

I det ovanstående har vi sett att Descartes anför två (av varandra oberoende) argument för att säkerställa detta: Det ena argumentet grundar sig på det att vi passivt mottar våra sinnesvarseblivningar, och det andra utvecklas ur en granskning av det faktum att vi inom vårt själsliv finner en medfödd idé om Gud.

Argumentationen runt vår medfödda idé om Gud föregås av några reflexioner över idéer om korporeala ting som vi påträffar i vår själs inre.[103] Under reflexionerna lämnas obeaktat i vilken mån dessa idéer utgörs av sinnesvarseblivningar, minnesföreställningar eller spontant bildade föreställningar utan referens till föregående sinnesvarseblivningar.

Idéer om korporeala ting är (partikulära eller generella)

---
[103] E s.29—31

idéer av korporeala substanser, varvid en substans är en entitet som existerar självständigt för sig själv.

Dylika idéer kan beskrivas som sammansättningar av (partikulära eller generella) idéer som i sin tur kan delas in i två klasser:

I den första klassen finner vi idéer som varseblivs klart och distinkt: idéer om *storlek* (utsträckning i längd, bredd och djup[104]), *form* (som kan definieras som utsträckningens gränser), *läge* (som kan definieras som en relation mellan entiteter med form) och *rörelse* (som kan definieras som förändring av läge), *varaktighet* och *antal*.

I den andra klassen finner vi (partikulära eller generella) idéer som vi ej uppfattar klart och distinkt: idéer om färger, ljud, lukter, smaker, idéer om värme och kyla och andra taktila kvaliteter (hårdhet, mjukhet).

Resonemanget fortskrider med följande frågeställning: Vilka av dessa idéer uppfyller att deras objektiva verklighet utgör en representation av en formell verklighet (en partikulär entitet eller generell kategori)?

Alla idéer är, sägs det här, representativa, men om den objektiva verkligheten i en idé inte korresponderar mot en formell verklighet utan motsvaras av ett icke-vara, blir graden av objektiv verklighet i idén lika med noll (vi erinrar oss (P2)), vilket i sin tur innebär att idén är *materiellt falsk*, idén ger falskeligen sken av att representera ett verkligt innehåll.[105] Idéer vars objektiva verklighet korresponderar mot en formell verklighet är *materiellt sanna*.

---

[104]Som en alternativ definition föreslår jag: ett kvantitativt mått på utsträckning, dvs. volym.

[105]Detta borde innebära att fria fantasiföreställningar måste räknas som falska idéer!

Descartes anför följande distinktioner: *Sanningsvärdet hos omdömen* är formella under det att *sanningsvärdet hos representativa idéer* är materiella (i den nyss angivna betydelsen). Descartes framhåller nu att det är fullt tänkbart att alla idéer i den andra klass som definierades ovan är falska, och falska idéer uppstår ur ingenting eftersom deras grad av objektiv verklighet är lika med noll.[106]

Tack vare vår omedelbara erfarenhet av vår egen själ (som är en *substans* med *varaktighet*, och en entitet på vilken begreppet *antal* kan appliceras i olika avseenden: själen är *en* enhet och kan innefatta skilda delmoment i olika antal) är det utom allt tvivel att de generella idéerna om *substans, varaktighet* och *antal* är sanna idéer. Partikulära idéer om min själ (som är en partikulär idé om en substans), om min själs varaktighet jämte partikulära idéer om antal i min själ måste också kunna vara sanna.

Men omständigheten att min själ varken har storlek, form eller läge och omöjligen kan vara i rörelse gör att det är osäkert huruvida det finns sanna (partikulära eller generella) idéer av storlek, form, läge och rörelse.

Men hur det än är med den saken landar Descartes i slutsatsen att alla sanna idéer som är eller ingår i idéer av korporeala ting kan vara produkter av min egen själ som effektiv orsak (det lyser igenom i Descartes resonemang att han anser att det är (P2) som stöder denna slutsats).

Kontentan av dessa reflexioner är att en granskning av idéer av korporeala ting *inte* bevisar att det finns en verk-

---

[106]Ett påstående som kan sägas stödjas av (P2), men som motsägs av (P1) och det faktum att alla idéer har samma grad av formell verklighet.

lighet utanför min själs gränser. I denna resonemangslinje uppmärksammas således inte vad det betyder att sinnesvarseblivningarna mottas passivt vare sig vi vill eller inte.

3.4 Fjärde meditationen

I det ovanstående har vi sett att Descartes med sina principer kan bevisa att Gud är den effektiva orsaken till min själ och vi har påvisat hur Descartes framför argumentet att Gud inte är någon bedragare, ty en vilja att bedraga kan endast ha sin grund i en ofullkomlighet. Men ett väsen som är skapat av ett allsmäktigt, allvetande väsen som inte önskar bedraga någon av sina skapelser borde väl alltid fälla omdömen som är riktiga. Själens omdömesförmåga härrör från Gud och detta innebär, framhåller Descartes, att vi omöjligen kan bedragas till falska omdömen *närhelst vi använder vår omdömesförmåga på ett riktigt sätt*.

> Först och främst inser jag nämligen att det inte kan vara så, att han [Gud] någonsin bedrar mig; ty i allt bedrägeri och svek finns något av ofullkomlighet. Och ehuru förmågan att bedra tycks vara ett bevis på skarpsinne och makt, så är dock viljan att bedra utan tvivel ett tecken på illvilja och svaghet och kan därför inte finnas hos Gud.
> Vidare finner jag att jag har en viss omdömesförmåga, som jag i likhet med allt annat hos mig med säkerhet fått av Gud; och då han inte vill bedra mig, så är den omdömesförmåga han givit mig säkerligen inte sådan att jag, så länge jag rätt brukar den, någonsin skulle kunna missta mig. (Med. IV)[107]

---
[107]F s.118; E s.37—38

Det är likväl ett faktum att vi då och då fäller felaktiga omdömen.[108] Detta borde innebära att det är möjligt att använda omdömesförmågan på ett felaktigt sätt. Behovet inställer sig nu att klargöra hur vi använder vår omdömesförmåga på ett riktigt sätt (varvid vi är skyddade från att begå misstag) och när detta inte är fallet.

Descartes identifierar omdömen med försanthållna eller förnekade proposit-ioner, och omdömen kan vara sanna eller falska. Descartes skiljer mellan evidenta omdömen och omdömen som saknar evident grund, som kan betvivlas.

Låt oss nu se hur Descartes utvecklar en teori om hur omdömen kommer till stånd. Ett omdöme definieras som ett resultat av två samverkande förmågor: intellektet och viljan.[109] Intellektet eller tankeförmågan presenterar en proposition som ett möjligt objekt för ett *omdöme*, för ett bejakande eller förnekande av propositionens sanning. Akten att bejaka eller förneka sanningen av en presenterad proposition är en *omdömesakt* som tillskrivs *viljan*.[110]

> Likväl insåg jag att det utöver en varseblivning [av en proposition] som är oundgänglig för att ett omdöme ska kunna komma till stånd, erfordras ett bejakande eller förnekande för tillblivelsen av ett omdöme, samt att det ofta är möjligt för oss att avhålla oss från ett medgivande, även när vi varseblir ett ting [varseblir en proposition]. Jag identifierade omdömesakten, som endast utgörs av ett medgivande [ställningstagande med avseende på sanningsvärde], dvs. av ett bejakande eller förnekande, ej som en intellektuell varseblivning, utan som

---
[108] E s.38
[109] I *Regulae* beskriver Descartes bildning av omdömen som resultat av vår tankeförmåga. C s.132
[110] C s.132–133, 135

en bestämning av viljan.[111]

Vidare: när jag nalkas mig själv och undersöker vilka mina misstag är (de är det enda som bevisar en viss ofullkomlighet hos mig), så märker jag att de är beroende av två samtidigt verkande orsaker, nämligen av min kunskapsförmåga och av förmågan att välja, dvs. den fria viljan, eller med andra ord: av förståndet och på samma gång av viljan. (Med. IV)[112]

Vi såg ovan hur Descartes i den tredje meditationen skiljer mellan sanningsvärdet hos omdömen, formellt sanningsvärde, respektive sanningsvärdet hos (representativa) idéer, materiellt sanningsvärde, och jag kan inte förstå annat än att Descartes med ett omdöme menar ett bejakande eller förnekande av en proposition.

Av resonemangen i den fjärde meditationen framgår det att Descartes anser att yttringar av själens vilja är att välja att bejaka eller förneka innehållet i en proposition, dvs. att fälla ett omdöme, samt att välja att realisera eller avstå från att realisera en föreställning om en möjlig handling i vår omgivning, en handling som kan värderas moraliskt som god eller ond (eller moraliskt neutral).

Descartes poängterar härvid att vår vilja är essentiellt självständig, spontan och fri. Vad är innebörden av denna spontana frihet? Är viljan fri i betydelsen att varje viljeakt är absolut likgiltig, alltså absolut fri att godtyckligt bejaka eller förneka innehållet i en given proposition, respektive att fullgöra eller avböja ett möjligt handlingsalternativ i min omvärld. I så fall skulle alla omdömen vara godtyckliga försanthållanden eller förnekanden av propositioner, och alla

---

[111]Förf. övers. AT VIIIB, 363; C s.138
[112]F s.120; E s.39

handlingar godtyckliga och likgiltiga för vad som är gott och ont.

Att detta skulle vara innebörden av viljans spontana frihet dementeras i passager ur den fjärde meditationen. Innebörden av viljans spontana frihet är inte att alla val är godtyckliga utan istället att alla viljemässiga beslut enbart framgår, utvecklas ur den egna själen, det tillhör viljans essentiella natur att inte vara styrd, tvingad, vara en marionett under relativt själen externa instanser.[113]

Det finns lägen, medger Descartes, när vår vilja godtyckligt kan välja mellan att bejaka eller förneka innehållet i en proposition, respektive att fullgöra eller avstå från en handling. Viljemässiga beslut i sådana lägen representerar dock den lägsta graden av fullkomlighet hos ett fritt beslut av vår vilja.

Den högsta graden av fullkomlighet hos ett beslut av vår vilja realiseras när beslutet entydigt är determinerat av vårt intellekt, av en klar och evident insikt. Om jag klart och evident inser att en proposition är sann (eller falsk) kommer jag oundvikligen välja att bejaka (eller förneka) propositionen. Om jag klart och evident inser att en möjlig handling i min omgivning är god (eller ond) kommer jag obönhörligen välja att realisera (eller avstå från) handlingen.

Det är bristande kunskap som leder till lägen med godtyckliga beslut.[114]

[Den fria viljan][115] består nämligen blott däri att vi kan

---

[113]Idén att frihet inte kan identifieras med godtycklig valfrihet för tanken till Spinozas utsaga om Guds frihet: Gud är fri såtillvida att han är till och verkar enbart ur sitt väsens blotta nödvändighet.

[114]C s.132–133, 147–148; A s.149—151

[115]Förf. övers. I engelsk översättning *Freewill* (C s.147). En alternativ engelsk översättning: *the will* (E s.40)

göra eller låta bli att göra (dvs. bejaka eller förneka, eftersträva eller fly [avstå]) samma sak, eller rättare blott däri att vi på ett sådant sätt drives att bejaka eller förneka, eftersträva eller fly [avstå] det som vårt förstånd framställer för oss, att vi inte känner oss tvingade därtill av någon yttre makt. För att jag skall vara fri behövs det nämligen inte att jag skall kunna drivas åt den ena sidan lika väl som åt den andra; tvärtom: ju mer jag lutar åt den ena, vare sig emedan jag klart inser att den innehåller grunden till det sanna och det goda eller emedan Gud så ordnat mina innersta tankar, med desto större frihet väljer jag denna sida; och varken gudomlig nåd eller naturlig insikt kan någonsin förminska friheten, utan snarare ökar och stärker den.

Men den obeslutsamhet jag erfar, då intet motiv driver mig mera åt ena sidan än åt den andra, är den lägsta graden av frihet och vittnar inte om någon fullkomlighet hos denna, utan endast om en brist eller sorts negation hos kunskapen; ty om jag alltid såge klart vad som är sant och gott, skulle jag aldrig vara tveksam om hur jag bör döma och välja och jag skulle sålunda, ehuru jag vore helt fri, likväl aldrig kunna vara obeslutsam. (Med. IV)[116]

När jag t.ex. under de senaste dagarna undersökte huruvida något fanns till i världen och kom underfund med att just därav att jag undersökte detta klart följde att jag själv fanns till, så kunde jag inte underlåta att fälla omdömet att det som jag förstod så klart också är sant; inte därför att jag därtill tvingades av någon yttre makt, utan därför att den stora klarheten i förståndets uppfattning framkallade en stor benägenhet hos min vilja att fälla detta omdöme. Min tro på detta var sålunda så mycket självständigare och friare ju mindre obeslutsam

---

[116]F s.121; E s.40; C s.147—148

jag var inför just detta omdöme. (Med. IV)[117]

> Viljan hos en tänkande substans är obönhörligt riktad
> [impelled] — spontant och fritt [voluntarily and freely],
> eftersom detta tillhör essensen hos viljan, men icke desto
> mindre ofelbart [jag kan misslyckas med att realisera
> min målsättning] — mot ett gott varom den tänkande
> substansen har ett klart vetande.[118]

> Det finns några ting [påståenden] som är så klara
> och enkla att vi inte kan tänka dem utan att hålla dem
> för sanna. [119]

I den första av de tre här anförda passagerna sägs att ett viljemässigt beslut kan vara entydigt determinerat av en klar insikt eller av den av Gud åvägabringade konstitutionen av tankar i min själ, av rationell insikt (det naturliga ljuset) eller av Guds nåd.

Jag föreslår tre tolkningar av att Descartes här ställer fram ett alternativ till rationell insikt som bestämningsgrund för ett viljemässigt beslut:

(i) Ett viljemässigt beslut kan vara entydigt determinerat av konstitutionen hos vår själ, varvid vår konstitution bestämmer vår vilja utan att denna bestämning innefattar en dimension av insikt. Bestämningen av viljan framstår här som oreflekterad, instinktiv.

(ii) Det är en ur tidsandan framkallad retorik som föranleder Descartes att presentera detta alternativ till rationell insikt som bestämningsgrund för ett viljemässigt beslut.

(iii) En rationell insikt kan vara (eller är nödvändigtvis) betingad av medfödda idéer i min själ. De medfödda idéerna

---

[117] F s.122; E s.41; C s.132–133, 148

[118] Förf. övers. Efter *Second Objections* till fjärde meditationen, C s.133; AT VII 59; CSM II 41

[119] Förf. övers. C s.149; AT VII 145

närvarar i min själ tack vare Guds nåd; Gud är den effektiva orsaken till min själ.

Den första tolkningen är problematisk såtillvida att Descartes några rader längre ned i samma passage framhåller att det är bristande *kunskap* som förklarar lägen av godtyckliga val. Dessutom finner jag det svårt att motivera varför denna alternativa bestämning av vår vilja skulle kunna sägas uppnå den mest fullkomliga graden av ett fritt beslut, även om min inre konstitution har Gud som effektiv orsak. Vidare upplever jag att denna tolkning rimmar illa med den allmänna kontexten i *Meditationes*.

Descartes syn på naturen hos vår vilja borde ha svårt att hantera följande typer av handlingar:

(a) Handlingar kan vara entydigt bestämda av affekter av rädsla, ilska, åtrå och smärta. Bör inte dessa handlingar beskrivas som att vår vilja entydigt bestäms av dessa affekter? Sådana handlingar borde sägas vara spontana, såtillvida att de bestäms av inomsjälsliga faktorer. Men bör inte sådana handlingar benämnas ofria snarare än fall av fria viljemässiga beslut?

(b) Kan inte en individs handlande vara styrt av befallningar och order från en annan person? Kan inte en osjälvständig individ låta sin vilja styras av yttre influenser? En möjlig utväg ur detta dilemma är kanske att hävda att osjälvständiga, av yttre influenser styrda handlingar kännetecknas av att den egna viljan är satt ur spel, dödad, försatt i ett tillstånd av tigande så att själen kan bli styrd av yttre viljor.

Nu åter till Descartes analys av en omdömesakt. Vi såg ovan att Descartes identifierade ett omdöme med ett bejakande eller förnekande av en av vår tankeförmåga presenterad proposition, varvid akten av ett bejakande eller förnekande betraktas som en yttring av vår fria vilja.

Descartes betonar att en blott och bar varseblivning, uppfattning av en av tankeförmågan presenterad proposition omöjligen kan inrymma att vi begår något misstag. Att enbart uppfatta innehållet i ett påstående innefattar inte ett ställningstagande huruvida påståendet är sant eller inte.

> Genom blotta förståndet uppfattar jag endast idéer om vilka jag kan fälla ett omdöme, och betraktat just som sådant innehåller förståndet inget misstag i egentlig mening. (Med. IV)[120]

Här säger Descartes att förståndet, tankeförmågan presenterar en idé om vilken jag kan fälla ett omdöme. Om vi beaktar att Descartes beskriver en omdömesakt som ett (viljemässigt) bejakande eller förnekande av ett av tankeförmågan presenterat "objekt" för en möjlig omdömesbildning, förefaller det oundvikligt att identifiera detta objekt med en proposition, ett påstående som kan vara sant eller falskt.

Detta borde innebära att Descartes i den anförda passagen använder ordet *idé* i en vid betydelse som även innefattar propositioner och sålunda i denna passage avstår från att inskränka betydelsen av termen *idé* till *representativa idéer*.

När tankeförmågan, förståndet presenterar en proposition kan tre fall inträffa:

(i) Med vår tankeförmåga inser vi med absolut säker evidens och klarhet att propositionen är sann (eller falsk). Jag förmodar att Descartes intar ståndpunkten att en sådan insikt kan vara direkt (ur en blott och bar uppfattning av

---
[120]F s.120; E s.39

propositionens innehåll står det omedelbart klart att propositionen är sann eller falsk) eller indirekt (propositionen kan bevisas eller vederläggas genom ett deduktivt resonemang). Om vi med vår tankeförmåga klart och distinkt varseblir, med orubblig evidens inser att en proposition är sann (eller falsk) kommer vår tankeförmåga obönhörligt bestämma vår vilja till att bejaka (eller förneka) innehållet i propositionen.[121]

(ii) Den uppfattade propositionen är inte evident genom själv, men vår tankeförmåga visar skäl som stöder, gör det troligt, sannolikt att propositionen är sann (eller falsk), skäl som likväl inte når fram till att med orubblig evidens visa att propositionen är sann (eller falsk). En proposition som endast stöds av sådana skäl kan betvivlas.

(iii) Den uppfattade propositionen är inte evident genom sig själv och vår tankeförmåga utvecklar överhuvudtaget inga skäl som stöder eller talar emot innehållet i propositionen.

I fallen (ii) och (iii) blir vår vilja inte entydigt bestämd av vår tankeförmåga att bejaka eller förneka den presenterade propositionen, här kan vi med avseende på en och samma proposition välja mellan att bejaka eller förneka eller till och med avstå från att ta ställning till sanningsvärdet hos den ifrågavarande propositionen.[122]

> Jag har ofta lagt märke till att vad som sägs vara fallet i människors omdömen ej sammanfaller med vad de verkligen förstår vara fallet.[123]

När du fäller omdömet att själen är en förtunnad kropp,

---
[121] C s.132–133, 134
[122] A s.149–150; C s.148
[123] Förf. övers. AT III, 430; C s.150

kan du förstå att den är en själ, dvs. ett tänkande ting, och du kan förstå att en förtunnad kropp är ett utsträckt ting: men du förstår inte att ett och samma ting är både tänkande och utsträckt: detta är någonting som du endast vill tro på grund av att du trott detta tidigare och att du inte önskar ändra på din uppfattning. När du fäller omdömet att ett äpple, som råkar vara förgiftat, är ätbart, så förstår du att dess doft och färg är angenäma, men ej att det är något som är olämpligt att äta; men emedan du vill att det ska vara ätbart, så fäller du omdömet att det är det, och sålunda medger jag att vi inte förstår lika mycket som vi vill; och detta beror på att vi med avseende på ett och samma ting, kan vilja mycket och veta mycket litet.[124]

Människors omdömen motsägs ofta av vad de förstår. [...] Sålunda, när de fäller omdömet att rummet, som de benämner som tomt, är ingenting alls, så förstår de likväl att rummet är ett positivt ting. Sålunda gäller också att när de tänker att egenskaper är reala så föreställer de sig dem som substanser, trots att de ej fäller omdömet att de är substanser.[125]

[Gud har] givit mig friheten att medge eller inte medge ting [bejaka eller förneka eller avstå från att bejaka eller förneka propositioner] som är sådana att han inte förlänat mig en klar och distinkt varseblivning av dem.[126]

Denna obeslutsamhet sträcker sig inte bara till det varom förståndet inte har någon kunskap alls, utan över huvud taget till allt varom det inte har en tillräckligt klar kunskap just vid det tillfälle då viljan söker träffa sitt avgörande. Ty hur mycket jag än dragès åt det

---

[124] Förf. övers. Fifth Reply, AT VII, 377; C s.142
[125] Förf. övers. AT III, 430; C s.89
[126] Förf. övers. AT VII, 61; C s.149

ena hållet av sannolika gissningar, så är blotta insikten i att de endast är gissningar och inte säkra och otvivelaktiga skäl tillräcklig för att driva mitt instämmande åt det motsatta hållet. Detta har jag till fullo erfarit under dessa dagar, då jag antog att allt det om vars sanning jag förut varit som mest övertygad är helt falskt, blott och bart därför att jag upptäckt att det i något avseende kunde betvivlas. (Med. IV)[127]

På grund av sin klarare innebörd bifogar jag här en engelsk översättning (E s.39) av den passage ur den fjärde meditationen som citerades ovan.

Now, all that the intellect does is to enable me to perceive the ideas which are subjects for possible judgements; and when regarded strictly in this light, it turns out to contain no error in the proper sense of that term. (Med. IV)[128]

I detta citat hävdar Descartes att tankeförmågans roll i en omdömesbildning blott består i att presentera en idé (en proposition) som ett möjligt objekt för ett omdöme, en presentation vilken som sådan inte kan inbegripa något misstag. Förståndet ställer fram en proposition för granskning och en blott och bar uppfattning av innehållet i en proposition kan inte innefatta något misstag, det vill säga, det blotta uppfattandet av en proposition saknar varje dimension av ställningstagande beträffande propositionens sanningsvärde.[129] Men fallen (i) och (ii) visar att tankeförmågans roll i en omdömesbildning kan gå utöver att i denna mening blott presentera en proposition.

---

[127]F s.122; E s.41; C s.149
[128]E s.39
[129]C s.132, 142

Med vår tankeförmåga kan vi beträffande vissa propositioner omedelbart inse att propositionen är sann (eller falsk). Enbart genom att uppfatta innehållet i en sådan proposition framstår det för vår tankeförmåga med omedelbar evidens att propositionen är sann (eller falsk). För vår tankeförmåga gäller att propositionen verifieras eller förkastas genom sitt eget innehåll.

En sådan proposition kan tydligen inte presenteras, uppfattas utan att vi tar ställning till dess sanningsvärde *och* detta ställningstagande tillskrivs vår tankeförmåga. Här förefaller det bli ett överflödigt dubbelarbete att genom en viljeakt bejaka eller förneka propositioner av denna art när vi redan med vår tankeförmåga nått en absolut evident insikt om att propositionen är sann (eller falsk).

Fallen (i) och (ii) visar att det också finns fall när vår tankeförmåga anför skäl till att en proposition är sann (eller falsk). Det finns fall när vi med vår tankeförmåga kan bevisa att en proposition är sann eller falsk, och fall när tankeförmågan levererar stödjande (men ej bindande) skäl till att en proposition är sann (eller falsk).

Även i dessa fall är vår tankeförmåga inte begränsad till att blott och bart presentera en proposition som ett möjligt objekt för ett ställningstagande, och om jag *med min tankeförmåga* lyckas bevisa att en proposition är sann (eller falsk) förefaller ställningstagandet om propositionens sanningsvärde vara lokaliserad inom ramarna för vår tankeförmåga. Vad är poängen med att med vår vilja bejaka eller förneka innehållet i en proposition som redan bejakats eller förnekats av vår tankeförmåga?

Finalen till Descartes funderingar över omdömen kan formuleras i två punkter:

(a) Ett omdöme som är entydigt bestämt av vår tankeförmåga på grund av att vi klart och distinkt, med absolut evidens inser att den proposition som bejakas eller förnekas i omdömesakten verkligen är sann (eller falsk) är nödvändigtvis ett sant omdöme. Om vi däremot bejakar (eller förnekar) en proposition som vi inte klart och distinkt inser vara sann (eller falsk) kan vi inte vara säkra på att omdömet är sant. Av detta följer att om vi konsekvent avstår från att fälla omdömen som inte är entydigt bestämda av vår tankeförmåga i den ovanstående betydelsen, kan vi då vara absolut säkra på att omöjligen fälla falska omdömen.

(b) Insikterna i den första punkten bör leda till att vi konsekvent avstår från att bejaka (eller förneka) propositioner som vi inte klart och distinkt inser är sanna. Vi bör betrakta det som ett missbruk av vår vilja att bejaka (eller förneka) en proposition som vi inte klart och distinkt inser är sann (eller falsk).[130]

> Det är nu klart att jag i de fall, då jag inte tillräckligt klart och tydligt uppfattar vad som är sant, handlar rätt och inte begår något misstag [och undviker misstag: E s.41: and avoiding error], om jag avhåller mig från att fälla ett omdöme. Fäller jag däremot ett jakande eller ett nekande omdöme, så brukar jag min frihet på ett orätt sätt; och om jag därvid vänder mig åt den falska sidan, så begår jag uppenbarligen ett misstag, väljer jag däremot den andra, så träffar jag visserligen av en händelse sanningen, men jag blir inte utan skuld, enär det naturliga ljuset säger mig att viljeavgörelsen alltid bör föregås av förståndets insikt. Och detta missbruk av viljefriheten innehåller den brist som utgör misstagets väsen: bristen ligger, säger jag, i själva akten såvitt den härstammar från mig, och inte i förmågan som jag

---

[130]C s.132; A s.150—151

mottagit från Gud, och inte heller i akten såvitt den är
beroende av honom. (Med. IV)[131]

Och helt säkert kan det inte finnas någon annan orsak
[till att jag fäller felaktiga omdömen] än den som jag
anfört. Ty de gånger jag — då det är fråga om att fälla
omdömen — håller tillbaka min vilja, så att den blott
sträcker sig till det som förståndet klart och tydligt visar
den, kan det förvisso inte hända att jag misstar mig:
varje klar och tydlig uppfattning är nämligen tvivelsutan
något och kan således inte härstamma ur det rena intet,
utan måste ha Gud till upphovsman — Gud, säger jag,
vilken är i högsta grad fullkomlig och om vilken det vore
en motsägelse att anta att han är bedräglig; därför är
en sådan uppfattning utan tvivel sann. (Med. IV)[132]

De sista raderna i det senast anförda citatet ur den fjärde
meditationen uppfordrar till en kommentar: Att klart och
distinkt varsebli, inse att en proposition är sann (eller falsk)
borde vara liktydigt med att jag med absolut säker evidens
inser att propositionen är sann (eller falsk). I de i mitt tycke
problematiska raderna i citatet sägs nu att skälet till att vi
kan lita på våra klara och distinkta varseblivningar är att
dessa är förorsakade av Gud, och att Gud inte kan vara en
bedragare.

Här säger Descartes att vi behöver ett skäl som säkerställer att vi kan lita på våra klara och distinkta varseblivningar, vilket rimmar illa med att en klar och distinkt varseblivning borde vara en absolut säker och evident insikt som inte behöver något stöd i form av skäl, argument som säkerställer att varseblivningen är pålitlig. Dessutom framstår det som

---
[131] F s.122–123; E s.41
[132] F s.124–125; E s.43

besynnerligt att hävda att Gud är den omedelbara effektiva orsaken till våra klara och distinkta varseblivningar. Är det inte *vår egen* spontana tankeförmåga som utvecklar klara och distinkta varseblivningar?

Med Descartes ordval framstår vår själ som en passiv mottagare av de klara och distinkta insikter som blommar upp i själens inre.

Jag har påtalat i föregående avsnitt att Descartes i *Discourse, Meditationes* och *Principia* använder uttrycket *klar och distinkt varseblivning* för att beteckna akter av absolut säker och evident kognition.

Vi har exempel på klara och distinkta varseblivningar i denna betydelse i den andra meditationen (insikten om existensen av vår egen själ) och i den tredje meditationen (bevisen av Guds existens och att Gud är den omedelbara effektiva orsaken till vår själ), och i mina ögon är det tydligt att Descartes använder denna innebörd av klara och distinkta varseblivningar i den fjärde meditationen, ända fram till de problematiska raderna i det ovanstående citatet (som står att läsa alldeles i slutet av den fjärde meditationen).

Likväl har vi tvingats erfara att Descartes i *Meditationes* intar en tvehågsen, ja motsägelsefull attityd gentemot klara och distinkta varseblivningar. Vi har just påvisat att så är fallet i den fjärde meditationen. Men läget är lika illa i den tredje mediationen. Motivet till att med klara och distinkta varseblivningar bevisa att Gud existerar och att Gud är den effektiva orsaken till min själ, är att bevisa, säkerställa att jag kan lita på mina klara och distinkta varseblivningar, en tankegång som lurar in Descartes i den tidigare nämnda *cartesianska cirkeln.*

Det är påfallande hur Descartes i den fjärde meditationen närmar sig berömda sokratiska motiv. Descartes uppmaning till att vi bör avstå från att bilda omdömen som inte är entydigt bestämda av klara och distinkta varseblivningar, insikter associerar otvunget till Sokrates intellektuella ödmjukhet: det är bättre att erkänna att jag inte vet än att falskeligen inbilla mig att jag vet eller utge mig för att veta. Dessutom menar Descartes att om vi klart och distinkt inser att en handling är ond, kommer vår vilja entydigt bestämmas till att avstå från handlingen, och likaledes framhåller Sokrates att alla onda handlingar kommer ur bristande insikt, vetande (om vad som är det bästa för min själ).

Descartes väcker frågor om jagets roll i bildandet av omdömen, vilket föranleder mig att utveckla följande reflexioner. Antag att personerna A, B och C en efter en kommer med följande utsagor:

A: Jag hävdar att det är nödvändigt att införa filosofiundervisning på gymnasiet för att rädda ungdomarnas förmåga till ett självständigt tänkande. (i)

B: Det är nödvändigt att införa filosofiundervisning på gymnasiet för att rädda ungdomarnas förmåga till ett självständigt tänkande. (ii)

C: Pedagogikprofessorn P.L. och ungdomspsykologen T.S. påvisar i sina respektive undersökningar av ungdomars situation i dagens samhälle att det är nödvändigt att införa filosofiundervisning på gymnasiet för att rädda ungdomarnas förmåga till ett självständigt tänkande. (iii)

Om vi till att börja med jämför (i) med (ii) erbjuder sig en tolkning som är i linje med Descartes resonemang. A låter sin personliga subjektivitet grunda sitt omdöme: A anser, tycker, upplever att ... Här är det en personlig subjektivitet som bestämmer, sätter omdömet. B uttalar däremot en av min tankeförmåga realiserad insikt, B låter sin subjektivitet träda tillbaka för att ge utrymme för en tankemässig insikt, det är tänkandet som talar, det personligt subjektiva tiger. I (i) är det min personliga subjektivitet som kommer till uttryck, under det att (ii) är ett resultat av tankemässiga överläggningar som utvecklas i ett transsubjektivt frihetsrum i medvetandet.

En alternativ tolkning av (i) och (ii) är att A i sin formulering ödmjukt erkänner att han endast utrycker sin personliga åsikt under det att B låter sin personliga övertygelse ha anspråk på att slå fast en objektiv sanning.

Men låt oss nu ställa (i) och (iii) bredvid varandra. Här kan vi uppfatta C som en jagsvag individ som kräver stöd av yttre instanser för att rättfärdiga sina omdömen under det att i A gör sig ett rakryggat och rättframt jag gällande som besitter den andliga kraft som behövs för att sätta genuina omdömen. Utan denna vertikala jagkraft som förmår rycka upp sig till att sätta sanningar blir tankelivet famlande och förvillat och det blir nödvändigt att hitta yttre stöd för det vi håller för sant.

En fråga är vad som händer om vi endast accepterar omdömen i form av genuina, av vårt transubjektiva tänkande realiserade insikter, att det är det transsubjektiva tankeelementet i oss som ska uttala genuina, rena omdömen? Är tankeelementet som sådant inte "alltför" neutralt och tolerant, så att vi endast gång på gång kommer till att det går att tänka si men även så om en given problemställning. Ett arbete med filosofins historia aktualiserar denna problematik: med vår neutrala tankeblick (det personligt subjektiva tiger) kan vi se vitt skilda ståndpunkter och tankegångar som likaberättigade och möjliga resultat av tänkandet. En känsla av förtvivlan kan dyka upp mitt i allt detta: vad i herrans namn tycker jag själv? Men strax efter att ha utbrustit detta slår det mig att jag under mitt känsloutbrott efterlyste ett *tyckande*. Men ett tyckande är ingenting utöver min personliga, subjektiva åsikt, ett element som nogsamt måste hållas på plats när jag eftersträvar att nå tänkandets transsubjektiva saklighet och upplevelser av genuin sanning och insikt.

Vårt jag kan dels verka som ett subjektivt element som beträffande omdömesbildning kan inta rollen av att tycka, ha åsikter, men även rycka upp sig till en transsubjektiv, andlig kraft, till en källa av genuina insikter.

3.5 Femte meditationen

Den femte meditationen innehåller intressanta och viktiga reflexioner över tänkandets natur.

Descartes lägger märke till att varseblivningen av vissa idéer i medvetandet uppvisar två polära aspekter. Dessa idéer är till en del beroende av vår vilja i det att vi själva kan välja om vi ämnar tänka dessa idéinnehåll eller inte. Men det intelligibla innehåll som definieras av dessa idéer, *vad* som tänks, visar sig däremot fullständigt oberoende av oss själva, av vår subjektiva konstitution, av vårt tänkande och vår vilja. Idéinnehållet är här transsubjektivt.[133] Dessa transsubjektiva, av vårt medvetande strikt oberoende idéinnehåll innefattar eviga och oföränderliga naturer, väsen, intellektuella väsen som består i sig själva och varande oberoende av om dessa idéer instantieras i aktuellt existerande objekt eller inte. Exempel på dylika idéer är de enkla naturerna ut-

---

[133] B s.74

sträckning, form, kvantitet, och så vidare. Det är här fråga om allmänna begrepp, väsen som är genuint transsubjektiva innehåll som är vad de är vare sig det finns aktuellt existerande objekt med utsträckning, form, med mera.

Dylika transsubjektiva och rent intellektuella idéinnehåll är inte konstituerade av vårt jag, utan de utgöres tvärtom av upptäckter av vad som döljer sig i själsdjupen. Descartes beskriver dem som återerinringar av vad själen redan tidigare visste men glömt bort (jfr. Platon) eller som element som funnits i själen redan från födseln utan att ha upptäckts tidigare.[134] Idéerna är *medfödda*.

Idén om en triangel är en universell, evig, av mitt tänkande oberoende natur som består i sig själv som ett rent intellektuellt transsubjektivt innehåll vare sig det existerar eller överhuvudtaget har existerat en triangel.

> Då jag sålunda t.ex. föreställer mig en triangel, så har denna figur, även om den kanhända inte existerar någonstans i världen utanför mitt medvetande och ej heller någonsin existerat, ändå en bestämd natur eller väsenhet eller form, som är oföränderlig och evig och som varken är uppdiktad av mig eller beroende av min själ. (Med. V)[135]

Descartes röjer undan misstanken att triangelns allmänna begrepp är en abstraktion ur sinneserfarenheten genom att peka på existensen av idéer av figurer som vi omöjligen kan ha erfarit sinnligt, såsom det allmänna begreppet om en tusenhörning. De allmänna idéerna om en triangel respektive en tusenhörning måste vara likvärdiga med avseende på sitt ursprung.[136]

---

[134]E s.44
[135]F s.126; E s.44–45
[136]E s.45

Ur ett studium av den allmänna idén *triangel* kan vi klart och distinkt bevisa att summan av de tre vinklarna i en triangel uppgår till ett halvt varv. Beviset leder till en *upptäckt* av en nödvändig egenskap hos trianglar, vi inser att vinkelsumman uppgår till ett halvt varv vare sig vi tänker, är medvetna om denna egenskap eller inte. Egenskapen tillhörde triangelns allmänna natur redan innan vi första gången upptäckte densamma. Om vi tänker oss en triangel utan att känna till denna egenskap är det likväl så att triangelns vinklar tillsammans bildar ett halvt varv. Detta bevisar att det inte är genom vår vilja som egenskapen hos vinkelsumman läggs till triangelns allmänna väsen, såsom vore fallet då vi till en föreställning av en människa adderar egenskaperna "humoristisk" eller "fåfäng". Beviset för vinkelsumman utgör en *upptäckt* av en egenskap som vi inser tillhör triangelns väsen vare sig vi vill eller inte.

> Detta framgår därav att man kan bevisa flera egenskaper om denna triangel, t.ex. att summan av dess tre vinklar är lika med två räta, att mot dess största vinkel ligger dess största sida och dylikt; dessa egenskaper inser jag nu klart — vare sig jag vill det eller inte — även om jag förut, då jag förställde mig triangeln, alls inte tänkte på dem, och de kan således inte ha blivit uppdiktade av mig. (Med. V)[137]

Det som ur klar och distinkt insikt kan härledas ur transsubjektiva idéer är absoluta sanningar med transsubjektiv giltighet, sanningar som är oberoende av vårt tänkande och vår vilja. Om vi ur en dylik klar och distinkt varseblivning härleder en evident sanning är det inte vi som med vår vilja bestämmer innehållet i vårt tänkande, det är tvärtom vårt tänkande som bestäms av varseblivningen av idéernas innehåll. Transsubjektiva idéinnehåll utgör upptäckter, de

---

[137] F s.126; E s.44-45

bestämmer i viss mening vårt tänkande istället för att konstitueras av vårt tänkande i gestalt av en fritt vald och godtycklig viljeakt. Medfödda idéer är transsubjektiva idéinnehåll med denna karakteristik, under det att fantasiföreställningar konstitueras fritt och godtyckligt av vår vilja.

Och likväl — även om jag inte kan tänka mig Gud annat än som existerande liksom inte heller ett berg utan en dal, så synes dock därav att jag tänker mig Gud såsom existerande säkert inte följa att Gud existerar, lika litet som det därav att jag tänker mig ett berg med en dal följer att det finns något berg i världen; ty mitt tänkande förlänar inte någon nödvändighet åt tingen. Och liksom det är möjligt att föreställa sig en bevingad häst ehuru ingen häst har vingar, så kan jag kanske på samma sätt tillägga Guds existens även om ingen gud existerar.

Men nej! Här döljer sig ett felslut. Inte heller därav att jag omöjligt kan tänka mig ett berg annat än med en dal följer nämligen att ett berg och en dal existerar någonstans, utan endast att berget och dalen — vare sig de existerar eller inte — inte kan skiljas från varandra. Därav att jag inte kan tänka Gud annat än som existerande följer däremot, att existensen är oskiljaktig från Gud och att han därför verkligen existerar; inte därför att mitt tänkande åstadkommer detta eller förlänar någon nödvändighet åt någon sak, utan istället därför att nödvändigheten hos saken själv, dvs. hos Guds existens, tvingar mig att tänka detta; ty det står mig inte fritt att tänka Gud utan existens (dvs. det fullkomligaste väsendet utan högsta fullkomlighet) såsom det står mig fritt att föreställa mig en häst med vingar eller utan vingar. (Med. V)[138]

Flertalet transsubjektiva idéer är likgiltiga med avseen-

---
[138] F s.127–128; E s.46

de på om de instantieras av aktuellt existerande objekt eller inte.[139] Idén om en triangel utsäger ingenting om det finns eller har funnits aktuellt existerande trianglar. Flertalet evidenta rent intellektuella insikter, såsom att triangelns vinkelsumma uppgår till ett halvt varv och att ett berg inte kan existera utan en dal, är transsubjektiva och nödvändigt sanna vare sig det existerar trianglar och berg eller inte.

Men i detta avseende bildar idén om Gud ett undantag. Idén om Gud är ett transsubjektivt intelligibelt innehåll som upptäcks av vårt tänkande i själsdjupet.[140] Innehållet i denna idé är (G) idén om ett väsen som är det tänkbarast fullkomliga i alla avseenden, ett väsen som är sådant att ett fullkomligare väsen inte låter sig tänkas. Descartes resonerar som så:

Antag att Gud inte har aktuell existens. (1)

Ur (1) följer att Gud endast existerar som ett transsubjektivt idéinnehåll X, en "existensform" med betydligt lägre grad av verklighet än en aktuellt existerande Gud. (2)

På grund av sin högre grad av realitet är en aktuellt existerande Gud fullkomligare än X. (3)

Rad (3) medför att Gud, som enligt (1) måste identifieras med X, inte är det väsen som är så fullkomligt att ett fullkomligare väsen inte kan tänkas. (4)

Punkt (4) och (G) implicerar att (1) är falsk. (5)

Ur (5) följer alltså att Gud har aktuell existens. (6)

Det hör till Guds väsen att han nödvändigtvis existerar, existens ingår i Guds väsen, av Guds väsen följer att Gud finns till som en nödvändig och evig aktuell existens.[141]

Genom en begreppsanalys, en granskning av vår med-

---
[139]B s.74
[140]B s.74
[141]B s.74; E s.46

födda idé om Gud, har Descartes härvid presenterat ännu ett bevis av Guds existens. Detta så kallade *ontologiska bevis* av Guds existens är påfallande likt det berömda bevis av Guds existens som formulerades av Anselm av Canterbury (1033–1109).

Det invänds mot Descartes att han i sitt bevis behandlar existens som en egenskap, i detta fall en egenskap hos Gud. I en annan studie[142] har jag pekat på att Thomas av Aquino explicit förnekar att existens är en egenskap. Descartes bemöter denna ståndpunkt sålunda:

> Jag kan inte förstå varför *existens* inte skulle sägas vara en egenskap på samma sätt som *allsmäktighet* — naturligtvis under förutsättning att vi låter ordet *egenskap* stå för vilket attribut som helst, eller vadhelst som kan predikeras om ett ting.[143]

Vi har i det föregående sett en, åtminstone skenbar, motsägelsefullhet i Descartes attityd gentemot det rena intellektets klara och distinkta varseblivningar. På en del ställen tycks Descartes *definiera* en klar och distinkt perception med en absolut evident insikt som inte kan betvivlas. Denna ståndpunkt betecknar vi här (S1).[144] I andra sammanhang godtar Descartes, som vi sett, en möjlighet att betvivla just dessa klara och distinkta varseblivningar. Tvivlet på dessa intellektuella varseblivningar kan endast undanröjas genom ett bevis av satsen "Alla klara och distinkta perceptioner är sanna", den så kallade *sanningsregeln*, vilken vi bekantat oss med i tidigare avsnitt. Denna sats bevisas hos Descartes ur premisserna (a) att Gud existerar, (b) att Gud har skapat

---
[142] *Tomas av Aquinos Filosofi*, ej publicerad än så länge.
[143] Förf. övers. AT VII 382; A s.59
[144] C s.114-115

mitt jag och (c) att Gud inte är en bedragare.[145]. Denna ståndpunkt hänvisar vi till som (S2) i det följande.[146] John Cottingham skriver:

> Hans [Descartes] tankelinje är denna: Om jag inte är en skapelse av en fullkomlig och välvillig Gud, utan om min existens istället är en följd av en serie ofullkomliga orsaker, så är det såvitt jag förstår tänkbart att mitt väsen är så beskaffat att jag är bedragen även beträffande vad som för mig framstår som i högsta grad evident (AT VII, 21). Men om det, å andra sidan, kan slås fast att jag blivit till av en fullkomlig skapare, så skulle det av detta följa att mina grundläggande medfödda idéer eller begrepp måste vila på en grund av sanning: 'ty eljest skulle det ej vara möjligt att Gud, som är alltigenom fullkomlig och sanningsenlig, skulle kunnat införliva dem i mig' (AT VI, 40).[147]

I *Meditationes* står att läsa:

> Ty jag kan inbilla mig att jag blivit skapad av naturen på ett sådant sätt att jag ibland misstar mig i sådant som jag tror mig uppfatta som klarast; jag kan det så mycket lättare då jag erinrar mig, att jag ofta tagit många saker för sanna och säkra som jag senare, övertygad av andra skäl, bedömde som falska. (Med. V)[148]

> Sålunda inser du att när vi väl blivit medvetna om att Gud existerar så är det nödvändigt att vi föreställer oss honom som en bedragare om vi väljer att betvivla det som vi varseblivit klart och distinkt. Och emedan det

---

[145]B s.3,58,70–71; D s.200, 205, 210
[146]Descartes tycks inta denna ståndpunkt även i *Discours* del IV, B s.52
[147]Förf. övers. A s.47
[148]F s.130; E s.48

är omöjligt att föreställa oss honom som en bedragare måste vi acceptera att vadhelst vi varseblir klart och distinkt är sant och säkert.[149]

Om den senare ståndpunkten (S2) tas på allvar utan inskränkningar hamnar Descartes i en allvarlig cirkel, den omtalade cartesianska cirkeln:

Descartes tycks hävda: Jag kan lita på mina klara och distinkta varseblivningar om och endast om jag kan bevisa sanningsregeln ur premisserna (a), (b) och (c). (A)

Men han borde också tvingas medge att det är omöjligt att bevisa sanningsregeln ur premisserna (a), (b) och (c) om han inte kan lita på sina klara och distinkta varseblivningar, ty om det går att betvivla intellektets klara och distinkta varseblivningar tycks det omöjligt att skydda beviset för sanningsregeln mot tvivel. (B)[150]

I den femte meditationen finns passager som tycks placera Descartes i (S2): Utan en visshet om Guds existens kan vi aldrig nå ett egentligt vetande. Han framhåller att intellektets klara och distinkta varseblivningar är säkerställda som sanna *emedan* han redan bevisat sanningsregeln.

Men i såväl den femte meditationen som i andra texter finns med avseende på vår problematik betydelsefulla uttalanden som öppnar för en möjlighet att bryta cirkeln genom att med en viktig inskränkning återupprätta (S1). På ett par ställen i den femte meditationen påtalar Descartes att en *innevarande* klar och distinkt varseblivning nödvändigtvis är absolut evident, säker och omöjlig att betvivla.

Men låt nu P vara en proposition som kan härledas ur en argumentationskedja som är klar och distinkt. Vid en tid-

---
[149] Förf. övers. Second Replies, AT VII 144; D s.210
[150] B s.72; D s.200; C s.101—102

punkt då jag klart och distinkt varseblir P och beviset för P är P absolut evident och omöjlig att betvivla. Men antag att jag vid ett senare tillfälle erinrar mig P utan att åter framkalla beviset för P och att jag blott erinrar mig att jag tidigare klart och distinkt varseblivit ett bevis för P. I det förra fallet ingår P och dess bevis i en *innevarande klar och distinkt varseblivning*, i det senare erinrar vi oss att vi i en klar och distinkt varseblivning bevisat P. Descartes hävdar nu att en möjlighet till tvivel står att finna när vi erinrar oss att vi i en klar och distinkt varseblivning bevisat en proposition P, men att beviset för P inte närvarar i medvetandet som en innevarande klar och distinkt varseblivning.[151]

> När jag hävdade att vi inte kan veta någonting med säkerhet innan vi är medvetna om att Gud existerar, påpekade jag uttryckligen att jag endast talade om kunskapen om slutsatser när vi erinrar oss dessa utan att samtidigt uppmärksamma de argument varur vi härledde dem.[152]

> Jag vet att jag inte är bedragen med avseende på dem [de axiom som behövs för beviset av Guds existens], på grund av att jag verkligen uppmärksammar dem. Så länge jag uppmärksammar dem är jag säker på att jag inte är bedragen och jag är tvungen att medge att de är sanna.[153]

> Min natur är nämligen sådan att jag inte kan annat än tro att en sak är sann, då jag klart och tydligt uppfattar den, men min natur är också sådan att jag inte förmår ha medvetandets blick ständigt fäst vid en och samma sak för att klart uppfatta den. Ofta kommer också minnet av en uppfattning som jag tidigare gjort mig av en sak

---

[151] A s.66–67, 69–71; D s.206–208; C s.112
[152] Förf. övers. AT VII 140; A s.66
[153] Förf. övers. AT V 148; A s.67

tillbaka, då jag inte längre aktar på de skäl som kom
mig att omfatta den; andra skäl kan då dyka upp som
lätt skulle få mig att ändra åsikt, ifall jag inte hade
kunskap om Gud. På så sätt skulle jag aldrig ha sant och
säkert vetande om någonting, utan endast obestämda
och föränderliga meningar. Betraktar jag t.ex. triangelns
natur, så blir det mycket klart för mig, som är invigd i
geometrins principer, att summan av dess tre vinklar
är lika med två räta, och jag kan inte annat än tro att
detta är sant, så länge jag har uppmärksamheten riktad
på beviset härför; men så snart jag vänder min andes
blick från detta bevis kan det lätt hända att jag — även
om jag erinrar mig ha klart uppfattat beviset — ändå
tvivlar på dess sanning, ifall jag nämligen inte vet att
Gud finns till. (Med. V)[154]

Jag är faktiskt så konstituerad att jag inte kan undgå
att vid den tidpunkt då jag varseblir något klart och
distinkt hålla detta för sant. Men jag är också så kon-
stituerad att jag inte konstant kan fixera min själs öga
på samma objekt för att kunna varsebli objektet klart
[under en längre tid], och det händer ofta att jag erinrar
mig ett tidigare omdöme utan att uppmärksamma vilka
argument jag använde för att fälla omdömet. Sålunda
blir det nu [vid erinringstillfället av omdömet] möjligt
att jag anför andra argument som kan kullkasta omdö-
met om jag saknar visshet om Gud.[155]

Om jag tänker innehållet i en proposition P och en-
dast erinrar mig att jag tidigare klart och distinkt varse-
blivit att P är sann, men utan att veta att alla klara och
distinkta varseblivningar är sanna, det vill säga utan att

---
[154]F s.130; E s.48
[155]Förf. övers. Second Replies, AT VII 69; C s.151

ha bevisat sanningsregeln, blir det faktiskt möjligt att betvivla P. Descartes tycks mena att det är ett faktum att alla *innevarande* klara och distinkta varseblivningar är absolut evidenta och omöjliga att betvivla (ståndpunkt S3, en inskränkning av S1).[156] En innevarande klar och distinkt varseblivning är absolut evident just på grund av att den är en klar och distinkt varseblivning, vilket dock inte betyder att satsens evidens framgår av att jag vet att det handlar om en klar och distinkt varseblivning och därav *sluter* mig till att propositionen måste vara sann, evident.[157] Den orubbliga evidensen hos en klar och distinkt varseblivning bär sig själv, den behöver inget stöd i form av ytterligare kunskapsinnehåll, såsom kännedom om sanningsregeln eller visshet om att Gud existerar.[158]

Här framträder en viktig asymmetri mellan innevarande klara och distinkta varseblivningar och erinringar av att jag tidigare härlett en proposition i en klar och distinkt varseblivning. En innevarande klar och distinkt varseblivning är evident oberoende av en kännedom om sanningsregeln. Om jag däremot tänker innehållet i en proposition P och endast erinrar mig att jag tidigare bevisat P i en klar och distinkt varseblivning gäller följande: (i) om jag inte vet att alla klara och distinkta varseblivningar är sanna så kan P betvivlas och (ii) om jag har ett evident vetande om sanningsregeln är P en evident sanning i kraft av att jag minns att P bevisades i en klar och distinkt varseblivning.

Beträffande erinringar av att en proposition bevisats i en klar och distinkt varseblivning har tydligen sanningsregeln en viktig funktion att fylla. Genom att bevisa sanningsregeln

---
[156]D s.209
[157]D s.208; C s.111,113—114
[158]C s.111, 113—114

blir även en proposition som jag minns att jag bevisat i en
klar och distinkt varseblivning absolut säker och omöjlig att
betvivla.[159]

> Men sedan jag insett att Gud finns till och samtidigt härmed också förstått att allt annat är beroende av honom och att han inte är en bedragare, och sedan jag vidare härav dragit slutsatsen att allt som jag klart och tydligt uppfattar nödvändigt [nödvändigtvis] är sant, så kan intet skäl emot anföras som skulle förmå mig att tvivla på denna slutsats, även om jag inte längre uppmärksammar de skäl som förmått mig att anse den vara sann, förutsatt blott att jag erinrar mig ha klart och tydligt uppfattat dem. Jag har då en sann och säker kunskap; och en sådan har jag inte bara härom utan också om allt det andra som jag erinrar mig en gång ha bevisat, t.ex. om geometrin och liknande. Ty vad skulle man nu invända mot mig? (Med. V)[160]

Descartes jämför den epistemiska situationen för en ateist med en individ, såsom Descartes själv, som besitter vetande om sanningsregeln. Ateisten har endast tillgång till evidens med avseende på innevarande klara och distinkta varseblivningar, han kan alltså till skillnad från Descartes inte använda sig av propositioner som han minns att han bevisat i klara och distinkta varseblivningar som evident säkra i ett kunskapsarbete.[161] Detta försvårar ett kunskapsarbete högst avsevärt ty det måste innebära en radikal hämmande faktor att varje proposition som används i ett kunskapsarbete måste uppfattas med sitt bevis för att erhålla genuin säkerhet. I en demonstrativ vetenskap, som till exempel

---

[159]A s.71; D s.209; C s.112
[160]F s.130–131; E s.48
[161]C s.112

geometri där vi finner en hierarkisk ordning av teorem, där de olika satserna bygger på varandra i långa kedjor är det åtminstone för ett mänskligt, alltså ändligt, intellekt oundgängligt att använda sig av tidigare bevisade teorem utan att samtidigt uppfatta deras bevis.[162]

> [Själen] kan inte tänka på ett stort antal ting samtidigt.[163]

Detsamma gäller i högsta grad det vetenskapliga system som Descartes eftersträvar att upprätta, där hela det mänskliga vetandet ska utgöra ett deduktivt system utgående från ett fåtal högsta principer. Ett kunskapsarbete som kan leda till ett stabilt vetande i formen av ett dylikt vetenskapligt system förutsätter för människans del, som endast kan hålla ett begränsat antal idéer samtidigt inför medvetandets uppmärksamma blick, att man kan lita på en proposition som man minns att man tidigare bevisat i en klar och distinkt varseblivning. Ett omfattande deduktivt system av vetande kan endast upprättas om man bevisat sanningsregeln.[164]

Den här presenterade lösningen till den cartesianska cirkeln innefattar att ett bevis av sanningsregeln säkerställer ett i tiden efter den initiala bevisakten fortsatt vetande om sanningsregeln. I vilken mening? Flera tolkningar är möjliga:

(i) Medvetandet bibehåller en kontinuerlig och aktuell medvetenhet om beviset för sanningsregeln, sanningsregeln bibehålles som en innevarande klar och distinkt varseblivning. Denna tolkning är logiskt oantastlig men, utöver att

---

[162] D s.208
[163] Förf. övers. AT V, 148; D s.208
[164] A s.70–72; C s.115

den framstår som långsökt och "konstruerad", tycks Descartes själv motsäga den genom att hävda att medvetandet inte förmår uppmärksamma ett idéinnehåll annat än under en begränsad tid.

> Min natur är nämligen sådan att jag inte kan annat än tro att en sak är sann, då jag klart och tydligt uppfattar den, men min natur är också sådan att jag inte förmår ha medvetandets blick ständigt fäst vid en och samma sak för att klart uppfatta den. (Med. V)[165]

Dessutom skriver Descartes att vetandet om sanningsregeln är säkerställt av att man erinrar sig att man tidigare bevisat sanningsregeln, även om man inte framkallar beviset till en innevarande klar och distinkt varseblivning.[166]

(ii) Dessa omständigheter leder Louis Loeb till att införa en distinktion mellan att en sats kan vara *orubblig i stark eller svag mening*. En sats är orubblig i stark mening om det överhuvudtaget är omöjligt att betvivla satsen.[167] Loeb hävdar vidare att endast innevarande klara och distinkta varseblivningar är orubbliga i stark mening. En proposition som jag minns att jag tidigare har bevisat i en klar och distinkt varseblivning är orubblig, omöjlig att betvivla under förutsättning av ett aktuellt vetande om sanningsregeln. Men om sanningsregeln närvarar i medvetandet på ett sådant sätt att jag blott erinrar mig att jag tidigare i en klar och distinkt varseblivning bevisat denna regel, borde enligt ovanstående detta mentala innehåll inte vara skyddat mot tvivel. Om sanningsregeln inte närvarar i medvetandet som ett aktuellt vetande borde varje proposition som

---
[165]F s.130; E s.48
[166]D s.212. Jmf. Med. V, F s.130–131; E s.48.
[167]D s.212

jag minns att jag tidigare har bevisat i en klar och distinkt varseblivning vara möjlig att betvivla. Endast genom att i medvetandet åter framkalla beviset för sanningsregeln som en innevarande klar och distinkt varseblivning säkerställs ett vetande om sanningsregeln och därmed en orubblighet hos varje proposition som jag minns att jag tidigare har bevisat i en klar och distinkt varseblivning.

Satser som jag minns att jag tidigare har bevisat i klara och distinkta varseblivningar, och som inte är identiska med sanningsregeln, är, menar Loeb, orubbliga i svag mening: Propositioner som jag minns att jag tidigare har bevisat i klara och distinkta varseblivningar kan betvivlas (när sanningsregeln inte närvarar i medvetandet som en innevarande klar och distinkt varseblivning) men de *kan* göras orubbliga genom att framkalla sanningsregeln med sitt bevis som en innevarande klar och distinkt varseblivning.[168] Sanningsregeln själv är dock orubblig endast som en innevarande klar och distinkt varseblivning.[169]

Betydelsen av att en gång ha bevisat sanningsregeln ligger i att detta ger en förmåga att vid behov framkalla beviset för satsen som en innevarande varseblivning, vilket i sin tur innebär att propositioner som jag minns att jag tidigare har bevisat i klara och distinkta varseblivningar (förutom sanningsregeln själv) blir orubbliga i svag mening.[170]

Men även denna tolkning framstår åtminstone för mig som otillfredsställande: i denna tolkning undanröjs inte den labilitet i våra kunskapsinnehåll som sanningsregeln skulle eliminera och det känns långsökt att ett systematiskt kun-

---
[168]D s.213—214
[169]D s.214
[170]D s.214

skapsarbete, som inte enbart godtar innevarande klara och distinkta varseblivningar, likväl fordrar en kontinuerlig medvetenhet om sanningsregeln *och dess bevis* som en innevarande klar och distinkt varseblivning under arbetets gång.

Dessutom framhåller Descartes explicit att efter det att han bevisat sanningsregeln kan han i medvetandet återkalla sanningsregeln och vara säker på ett regeln är sann, om han i samma veva erinrar sig att han tidigare bevisat regeln i en klar och distinkt varseblivning. Här är det inte nödvändigt att återkalla sanningsregeln *och dess bevis* i en innevarande klar och distinkt varseblivning.[171]

Descartes utsagor gör det svårt för honom att försvara att vi kan tillräkna oss ett vetande om sanningsregeln om vi någon gång i det förflutna bevisat sanningsregeln i en klar och distinkt varseblivning. Detta vetande spelar likväl, som vi sett, en avgörande roll för att säkerställa att en proposition som vi minns att vi tidigare har bevisat i en klar och distinkt varseblivning, nödvändigtvis är sann.

Med ståndpunkten (S3) framstår det som följdriktigt att Descartes vetenskapliga system finner sin djupaste grund i den första filosofin, som ju innefattar beviset för sanningsregeln. Nu blir det försvarbart att hävda att en vetenskap, som till exempel aritmetik eller geometri, i viss mening står under, är beroende av den första filosofin.[172] Om Descartes oinskränkt accepterar (S1) borde geometri och aritmetik kunna hävda sig som autonoma vetenskaper i och med att axiomen inom dessa kunskapsdiscipliner är absolut evidenta satser som inte kan betvivlas (vilket alltså Descartes i *inskränkt* betydelse medger att de är). I så fall förlorar

---
[171] Jmf. Med. V, F s.130–131; E s.48
[172] D s.12

cogito–satsen sin centrala roll i Descartes system. Att Gud för Descartes ger en extern garanti för att vi kan lita på intellektets klara och distinkta varseblivningar måste sålunda tas i en högst begränsad betydelse. *Innevarande* klara och distinkta varseblivningar är absolut säkra och evidenta.

Till sist vill jag anföra ett problem beträffande konceptet om erinrade klara och distinkta varseblivningar. Innevarande klart och distinkt varseblivna propositioner kan delas in i (i) propositioner som är omedelbart evidenta genom sig själva, *axiom* och (ii) propositioner som kan bevisas ur en serie premisser, dylika propositioner kan vi beteckna som *teorem*.[173] Om ett teorem ska kunna sägas uppfattas i en klar och distinkt varseblivning måste varseblivningsakten innefatta beviset för teoremet. Jag kan erinra mig ett teorem och samtidigt minnas att jag i en klar och distinkt varseblivning bevisat teoremet. Härvid framkallar jag teoremet i medvetandet, men jag återkallar inte teoremets bevis vid detta tillfälle.

Ett teorem kan betvivlas om (a) jag erinrar mig satsen utan att i medvetandet aktualisera beviset för teoremet eller erinra mig att jag tidigare har bevisat teoremet, eller (b) jag erinrar mig att jag tidigare har bevisat teoremet samtidigt som jag saknar ett vetande om sanningsregeln.

Om jag erinrar mig P, alltså åter framkallar satsens innehåll i mitt medvetande, är det inte då oundvikligt att jag samtidigt uppfattar evidensen hos P, i form av en innevarande klar och distinkt varseblivning? Att erinra mig P borde betyda att jag hamnar i en innevarande klar och distinkt varseblivning av att P är sann. Louis Loeb förnekar att detta är nödvändigt, men för egen del tycks det mig omöjligt

---
[173] D s.207

att tala om erinrade klara och distinkta varseblivningar av satser av typ (i) som inte genast blir innevarande klara och distinkta varseblivningar.[174] Denna omständighet borde ha till följd att propositioner av typ (i) alltid är evidenta när vi tänker dem, de kan omöjligen betvivlas.

3.6 Sjätte meditationen

I den sjätte meditationen inleder Descartes med att rikta uppmärksamheten mot de materiella tingen.

En evident princip är nu att närhelst vi varseblir klart och distinkt, alltså med absolut evident säkerhet, att någonting är möjligt, så är detta en möjlighet som måste kunna realiseras av Gud, vilket utgör en konsekvens av Guds allsmäktighet.[175] Varje klar och distinkt idé vars representativa innehåll är en entitet X innefattar att X är en möjlig existens (och kanske till och med en nödvändig aktuell existens såsom fallet är med idén om Gud).

Den generella idén om en korporeal substans är klar och distinkt, sålunda är det möjligt att materiella substanser existerar om Gud väljer att bringa dem i existens.[176] Den klara och distinkta varseblivningen av idén om en materiell substans innefattar de *nödvändiga* egenskaperna *utsträckning, form, storlek* och *förmåga till rörelse*. En idé om ett objekt med utsträckning innefattar den evidenta insikten att objektet *kan* delas. Varje materiell substans är alltså delbar. Idén om en atom (ett odelbart materiellt objekt) är därmed motsägelsefull. Vår klara och distinkta idé om en tänkande

---
[174]D not 18 s.228
[175]B s.3; E s.50
[176]E s.50

substans innefattar att en själ eller ett jag nödvändigtvis saknar utsträckning (fjärde meditationen) och är därmed odelbar. Varje kropp är delbar, varje själ är odelbar. Av detta följer att en själ inte kan vara en kropp, en själ och en kropp är distinkta arter av substanser.[177]

> Först och främst lägger jag då märke till att en stor skillnad mellan kropp och själ består däri att kroppen till sin natur alltid är delbar, själen däremot helt och hållet odelbar. Betraktar jag nämligen själen, dvs. mig själv såtillvida som blott ett tänkande ting, så kan jag förvisso inte urskilja några delar hos mig utan inser att jag är något alltigenom enhetligt och helt; och ehuru hela själen synes vara förenad med hela kroppen, så finner jag dock inte att någonting undandragits själen genom att en fot eller en arm eller vilken kroppsdel som helst avhuggits; ej heller kan dessa förmågor att vilja, förnimma, förstå osv. sägas vara dess delar, ty det är en och samma själ som vill, förnimmer och förstår. (Med. VI)[178]

> En bekräftelse på samma slutsats erhåller man — såsom visas i just denna betraktelse — också därav att ingen kropp kan tänkas annat än som delbar, ingen själ å andra sidan annat än som odelbar; vi kan ju inte tänka oss hälften av en själ liksom vi kan det ifråga om vilken kropp som helst, hur liten den än må vara, varav man inser att de till sin natur inte blott är olika utan på sätt och vis motsatta. (*Meditationes* Synopsis)[179]

Samma slutsats följer av vår evidenta insikt att en själ sak-

---
[177] A s.116
[178] F s.142; E s.59
[179] F s.88; E s.9

nar utsträckning och att en kropp nödvändigtvis måste innefatta utsträckning.[180]

Om människan innefattar både en kroppslig och en själslig sida, inrymmer såväl kropp som själ, är det härmed klart att människan utgör ett slags förening av två skilda substanser. Kan en själ existera oberoende av en kropp som den eventuellt är förenad med? Om själen inte är förenad med en kropp är denna fråga omedelbart besvarad. Det återstår alltså att undersöka fallet då själen är förenad med en kropp. Descartes anför nu följande tankegång:

Antag att själen är förenad med en kropp vid en viss tidpunkt. Vi kan i så fall likväl bilda klara och distinkta idéer om samma själ och samma kropp som separata existenser var för sig. Det är därmed evident att kroppen och själen kan existera åtskilda, det ligger i Guds förmåga att separera kropp och själ. Kropp och själ är distinkta arter av substanser och själen kan existera oberoende av, separerad från en kropp.[181] Än så länge svävar vi dock i ovisshet om det överhuvudtaget existerar materiella objekt eller inte. Ovissheten kan nu elimineras genom följande tankegång:

Sinnenas varseblivningar stormar över oss vare sig vi vill eller inte, jaget är en passiv mottagare av dessa idéer. Men av ett passivt mottagande kan vi sluta oss till existensen av en *aktiv, produktiv instans*.[182] Denna aktiva agent kan inte sökas inom jaget, ty (i) jaget är omedelbart medvetet om sig självt och alla skeenden inom jagets sfär, (ii) varje skeende inom jaget är ett medvetet tänkande och (iii) vi är inte medvetna om ett aktivt produktivt tänkande som framkallar

---
[180]E s.37, 59
[181]E s.54
[182]B s.88–89, E n.55

våra sinnesförnimmelser. Alltså: (iv) sinnesförnimmelsernas orsaker är extramentala.[183] (v) Sinnesförnimmelserna innefattar idéer om korporeala substanser. Det följer att (vi) orsakerna till idéerna av korporeala ting måste ha samma eller högre grad av formell realitet som graden av objektiv realitet hos dessa idéer, vilket innebär att orsaken till dessa idéer måste vara antingen ett materiellt objekt (samma grad av verklighet) eller ett tänkande ting, en ändlig själ eller Gud (med högre grad av verklighet).[184] (vii) Det är ett faktum att vi är skapta så att vår *natur* säger oss att idéerna om materiella substanser som vi mottar som sinnesvarseblivningar har materiella substanser till orsak. Om dessa idéer har ett tänkande ting till orsak följer det att vi är bedragna av vår natur. Men Gud är ingen bedragare och det är härmed omöjligt att han ger oss en natur som bedrar oss.[185] (viii) Slutsatsen är att våra sinnligt givna idéer av materiella ting har aktuellt existerande ting till orsak, det är härmed bevisat att materiella substanser existerar. Det finns en värld av extramentala materiella ting.

I det anförda resonemanget karakteriserar Descartes sinnligt givna varseblivningar av materiella ting som *representativa* idéer, det vill säga föreställningar av relativt de uppfattade förnimmelserna distinkta objekt. Ett problem med denna karakteristik är att sinnligt givna varseblivningar av yttre ting knappast dyker upp i medvetandet som representerande innehåll, så som är fallet med minnes– och fantasiföreställningar. En sinnligt given varseblivning av ett yttre ting kan svårligen beskrivas som en idé vars innehåll är en

---
[183]B s.88–89; E s.55
[184]B s.88–89; E s.55
[185]B s.88–89; E s.55

representation av ett relativt idén distinkt yttre objekt. Innebörden av fantasi– och minnesföreställningar är dock att representera innehåll (ett födelsedagskalas, en kentaur) som är skilda från föreställningen själv.

Att titta på en stol upplevs, uppfattas som ett omedelbart seende av ett yttre objekt, inte som en varseblivningsbild av någonting som existerar bakom bilden. Må vara att reflexioner över vårt medvetande, våra sinnesorgan och på vilket sätt vi tar kännedom om vår omvärld ger oss argument för uppfattningen att vi endast indirekt kan erfara en extramental yttervärld via sinnesförnimmelser i form av intramentala reaktioner på yttre retningar.

Omdömen som är grundade på vår natur utgör omdömen som bildas av en spontan, instinktiv impuls i själen, likväl utan rationell insikt.[186] Vi är skapta så att vi utan vidare fäller dylika omdömen, de följer ur vår subjektiva konstitution. Nu är det evident att våra själar är skapade av Gud. Gud är ingen bedragare, alltså bör även dessa instinktiva omdömen vara sanna.[187] Vår natur säger oss att vi har en kropp. Alltså är vår själ associerad med en kropp.[188] Vår natur bildar ofta omdömen om våra inre förnimmelser såsom att smärtförnimmelser lokaliseras till bestämda kroppsdelar och att dessa smärtförnimmelser innebär att den ifrågavarande kroppsdelen är skadad. Av en förnimmelse av törst drar jag slutsatsen att min kropp behöver vätska, hunger gör det klart att jag (min kropp) behöver föda. Descartes betonar att dessa omdömen alls inte är grundade på intel-

---

[186] E s.26–27
[187] E s.55–56
[188] E s.56

lektuell insikt. De är likväl pålitliga av ovan anförda skäl.[189] Det finns ingen rationell grund för att lokalisera en smärtförnimmelse till en bestämd kroppsdel, lika lite som att koppla törst till vätskebrist.[190] De icke rationella omdömen som är grundade i vår natur (och som därmed är pålitligt sanna) måste dock skiljas från de omdömen som endast är grundade på en vana att ge efter för tanklösa, grundlösa infall. Till denna senare kategori av omdömen, som vi inte utan vidare kan lita på, hör omdömet att det är uppenbart att våra sinnligt mottagna idéer av materiella substanser, nödvändigtvis är alltigenom lika sina extramentala motsvarigheter.[191] Det finns inget absolut orubbligt skäl som berättigar till omdömet att de sinnligt varseblivna kvaliteterna av färger, smaker, lukter, tyngder, värme och kyla återger en extramental motsvarighet. Sinnena ger inte en alltigenom pålitlig information om beskaffenheten hos dessa yttre motsvarigheter. Ur vår rent intellektuella och *allmänna* idé om en materiell substans kan vi likväl sluta oss till att de yttre materiella objekten har utsträckning, är delbara och är kapabla till rörelse. De *partikulära* former, storlekar och rörelsetillstånd som sinnena visar hos varseblivna materiella objekt är dock inte en orubblig grund för omdömet att dessa sinneförnimmelser återger sina yttre korrelat sanningsenligt.[192]

> Det finns emellertid mycket annat som jag tycker mig ha lärt av naturen, men som jag i själva verket inte fått från den själv utan från en viss vana att tanklöst fälla omdömen och som därför lätt kan råka vara falskt;

---
[189] E s.56
[190] E s.53
[191] B s.88–89, 91; E s.56—57
[192] E s.57

nämligen att varje rum, i vilket absolut ingenting finns som kunde påverka mina sinnen, är tomt, att t.ex. en varm kropp innehåller något som fullkomligt liknar värmens idé hos mig, att i en vit eller i en grön kropp finns just den vithet eller grönhet som jag förnimmer, i en besk eller söt åter samma smakkvaliteter osv., att stjärnor och torn och vilka andra avlägsna kroppar som helst har blott den storlek och form som de företer för mina sinnen, och annat sådant. (Med.VI)[193]

Kanhända existerar de dock inte alla just sådana som jag uppfattar dem med mina sinnen, eftersom denna sinnliga uppfattning i många fall är ytterst dunkel och förvirrad; men åtminstone allt det finns hos dem som jag klart och tydligt inser, dvs. — helt allmänt betraktat — allt det som innehålles i den rena matematikens föremål. (Med. VI)[194]

I denna sjätte meditation berör Descartes även frågan hur själen är relaterad till kroppen. Vi har sett i det föregående hur Descartes förnekar att själen har såväl utsträckning som läge. Själen är odelbar och varje kropp är delbar, kropp och själ är distinkta realiteter.

Men om själen saknar såväl utsträckning som läge framstår det gåtfullt hur kropp och själ kan vara relaterade med varandra. Icke desto mindre pekar Descartes på en omedelbar kausal interaktion mellan själen och en del i hjärnan, som han identifierar med *tallkottkörteln*.[195]

Först och främst lägger jag då märke till att en stor skillnad mellan kropp och själ består däri att kroppen

---
[193] F s.139; E s.56–57
[194] F s.138; E s.55
[195] E s.59

till sin natur alltid är delbar, själen däremot helt och
hållet odelbar. Betraktar jag nämligen själen, dvs. mig
själv såtillvida som blott är ett tänkande ting, så kan jag
förvisso inte urskilja några delar hos mig utan inser att
jag är något alltigenom enhetligt och helt; och ehuru hela själen synes vara förenad med hela kroppen, så finner
jag dock inte att någonting undandragits själen genom
att en fot eller en arm eller vilken kroppsdel som helst
avhuggits; ej heller kan dessa förmågor att vilja, förnimma, förstå osv. sägas vara dess delar, ty det är en och
samma själ som vill, förnimmer och förstår. Däremot
kan intet kroppsligt eller utsträckt ting tänkas utanför
mig utan att jag lätt i tanken kunde dela det i delar och
därigenom förstå att det är delbart. Detta skulle i och
för sig vara tillräckligt för att lära mig inse att själen
är något helt och hållet annat än kroppen, om jag inte
redan tillräckligt säkert vetat detta på grund av andra
överväganden.

Vidare lägger jag märke till att själen inte påverkas
omedelbart av alla kroppens delar utan endast av hjärnan, ja, kanske blott av en mycket liten del av denna,
nämligen den del i vilken allmänsinnet säges ha sitt säte; var gång denna del befinner sig i samma tillstånd
meddelar den också själen ett och detsamma, även om
kroppens övriga delar under tiden kanhända förhåller
sig på olika sätt. Att så är fallet bestyrkes av otaliga
erfarenheter som jag inte behöver räkna upp här. (Med.
VI)[196]

Läget av det allmänna sinnet måste vara mycket rörligt
för att kunna motta alla intryck från sinnena, men det
kan endast flyttas av de [livs]andar som förmedlar dessa intryck. Det är endast conarion [tallkottkörteln] som

---
[196] F s.142–143; E s.59

satisfierar dessa villkor.[197]

Det är rörelser i tallkottkörteln som omedelbart förmår påverka jaget och jagets omedelbara påverkan på tallkottkörteln består i att initiera rörelser i denna. Det är rörelser i tallkottkörteln som på ett gåtfullt sätt översätts till förnimmelser av färger, smaker, förnimmelser av smärta, hunger, och så vidare. När tallkottkörteln med sina interna rörelser omedelbart afficierar själen, alstras ingen direkt förnimmelse av dessa rörelsetillstånd hos partiklar i denna körtel. Partiklarnas rörelser ger istället upphov till, översätts till förnimmelser, som inte uppvisar någon likhet med dessa rörelsetillstånd. Descartes hävdar, som vi ska se nedan, att materiella substanser endast kan tillskrivas egenskaperna *utsträckning, form, storlek, läge* och *rörelsetillstånd*. Färger, tyngd, grader av värme respektive kyla och liknande är rent subjektiva, mentala reaktioner i själen av yttervärldens inflytanden. Själen varseblir inte den extramentala verkligheten (som ju innefattar kroppen) som en omedelbar direkt åskådning "på avstånd" som oförvanskat visar hur de yttre objekten är i sig själva, och som realiseras utan att själen realt beblandar sig med den kroppsliga verkligheten. Själen varseblir inte sin kropp som en styrman i ett skepp som genom iakttagelse tar kännedom om sitt skepps tillstånd utan att bebланда sig med båtens material. Själen är realt förenad med kroppen i tallkottkörteln. Detta framgår, enligt Descartes, av naturen hos våra varseblivningar. Om vi skadas i foten varseblir vi inte de objektiva förändringar som vår fot utsätts för, inte heller de rörelser i tallkottkörteln som resulterar av den nervimpuls som transporteras från fotens känselorgan till

---
[197]Ur ett brev till Mersenne daterat 21 april 1641. Förf. övers. E s.59

hjärnan. Vi varseblir *smärta*, en rent subjektiv reaktion på ett objektivt förlopp.[198]

> Naturen lär mig också genom dessa förnimmelser av smärta, hunger, törst o.d. att jag inte blott finns i kroppen såsom sjömannen i sitt fartyg, utan är mycket nära förbunden och liksom uppblandad med den, så att jag tillsammans med den bildar en enhet. Ty eljest skulle jag som ingenting annat är än ett tänkande ting inte förnimma smärtan då kroppen skadas, utan endast rent förståndsmässigt uppfatta denna skada, alldeles som sjömannen med synen uppfattar om något går sönder på hans båt. Och då kroppen är i behov av mat och dryck, skulle jag med förståndet klart inse detta och inte ha förvirrade förnimmelser av hunger och törst. Ty säkert är att dessa förnimmelser av törst, hunger, smärta m.m. ingenting annat är än vissa förvirrade modi av tänkandet som uppkommer genom själens förbindelse och så att säga beblandelse med kroppen. (Med. VI)[199]

Descartes menar också att själen omedelbart kan alstra rörelser i tallkottkörteln för att på denna väg kunna omsätta viljemässiga beslut i kroppsliga rörelser.[200]

Ett subjekt S kan sägas ha en direkt varseblivning av ett objekt X beläget säg sju meter från S, om S varseblir X omedelbart utan några förmedlande element mellan S och X, och om S härvid oförvanskat uppfattar hur X är i sig själv. Människans varseblivning av den extramentala verkligheten är dock, hävdar Descartes, förmedlad och indirekt. Det är endast rörelser i tallkottkörteln som omedelbart kan påverka

---
[198] A s.126, 135
[199] F s.138–139; E s.59
[200] A s.119; AT III 424; AT III 664

jaget, själen. Dessa rörelser utgör influenser på själen som ger upphov till sinnliga förnimmelser av vår omvärld.[201]

Sinnesintrycken uppstår genom att nerver blir retade i olika delar av kroppen varigenom en rörelseimpuls transporteras genom nervbanorna till hjärnan. Det är den *rörelse* som härvid uppstår i hjärnan som blir översatt till en *förnimmelse*, ett sinnesintryck i själen. Om min fot tillfogas en skada startar en dylik kedjereaktion i nervbanorna som till sist når hjärnan för att till slut resultera i en förnimmelse av smärta *i* själen. Descartes menar att det är tänkbart att man skulle kunna reta nerverna på ett annat ställe utmed nervbanorna på ett sådant sätt att retningen likväl skulle resultera i samma typ av rörelser i hjärnan som förorsakades av retningen av fotens nervändar. I så fall skulle vi likväl förnimma en smärta i foten även om det var nerver i till exempel halsen som retades. Samma typ av rörelser i hjärnan kommer nämligen att framkalla samma förnimmelser i själen.[202]

Det kan i sammanhanget vara intressant att nämna att Newton beskriver Guds varseblivning av världen som en omedelbar och allestädes närvarande (omnipresent) uppfattning av hur verkligheten är i sig själv, genom att karakterisera *rummet* som *Guds sinnesorgan*.

---

[201] A s.135
[202] E s.60–61

Kapitel 4

Särskilda teman

I det här kapitlet behandlas några välkända, speciellt valda teman ur Descartes filosofiska tänkande: de olika typerna av substanser, relationen mellan kropp och själ samt Descartes rationalistiska kunskapsteori.

4.1 Tre slag av substanser

Med en substans avses i sin strängaste betydelse enligt Descartes ett vara som är strikt oberoende av något annat, en entitet som är genuint varande i och genom sig själv. I denna strikta betydelse är det endast *Gud* som satisfierar kriterierna att kunna räknas som en substans.[1]

> Med en substans kan vi inte förstå någonting annat än ett ting som existerar på ett sådant sätt att det för sin existens inte beror på några andra ting. Och det finns bara en substans som kan förstås att ej bero på några andra ting överhuvudtaget, nämligen Gud.[2]

---
[1] A s.84
[2] Förf. övers. *Principia* I, 51; A s.84

Descartes talar likväl om substanser i en vidare betydelse. En substans i denna vidare betydelse är ett objekt, vara som existerar självständigt i och för sig själv, det som är subjekt för egenskaper utan att självt vara en egenskap, predikat till något annat. I denna mening kan vi tala om ytterligare två slag av substanser som båda är skapade av Gud: *tänkande substanser (själar, res cogitans)* och *utsträckta substanser (materiella ting, res extensa)*.[3]

> Tänkande och [respektive] utsträckning kan anses utgöra själva essensen hos en intelligent substans och [respektive] en korporeal substans, och vidare måste de uppfattas som just tänkande substans, och [respektive] utsträckt substans — dvs. som själ och [respektive] kropp.[4]

Descartes talar på flera ställen om enskilda partikulära materiella ting som bord, hästar och träd som materiella *substanser*. Essensen hos en materiell substans är utsträckning, en materiell substans definieras som ett objekt, vara med utsträckning.[5] Denna definition leder till en viktig slutsats.

Antag att det existerar ett tomrum T med volymen V. (1)

Ett tomrum är ett icke-vara, ett intet. (2)

Ett intet kan inte ha några egenskaper, en existerande egenskap måste vara en egenskap *hos något*, ett positivt vara. (3)

Men (1) innebär ju att T har egenskapen V. (4)

Punkt (3) och (4) medför alltså att T är ett positivt vara. (5)

---
[3] B s.82; A s.84, 111, 119
[4] Förf. övers. *Principia* I, 63; A s.119
[5] B s.36, 70; A s.82—83

(2) och (5) medför att (1) är falsk.[6]

En utsträckning U måste vara en utsträckning hos något, som enligt den ovanstående definitionen av en materiell substans måste identifieras med en materiell substans med utsträckningen U.[7]

John Cottingham väver in ett citat av Descartes i följande passage:

> Men för Descartes är idén om alltigenom tomt rum motsägelsefull; ty "den utsträckning som utgör essensen hos en kropp är exakt identisk med essensen hos ett rum".[8]

Descartes skriver:

> Det är ingen skillnad mellan utsträckningen hos ett rum och utsträckningen hos en kropp. Ty omständigheten att en kropp har utsträckning i längd, bredd och djup garanterar som sådan slutsatsen att den är en substans, emedan det är en ren och skär motsägelse att en partikulär utsträckning skulle kunna tillskrivas ett intet; och samma slutsats måste dras med avseende på ett rum som antas vara ett vakuum, nämligen att emedan det [rummet] innefattar utsträckning, måste det också nödvändigtvis innefatta substans.[9]

> När jag undersöker materiens essens [...], finner jag att denna [essens] helt enkelt utgörs av utsträckning i längd, bredd och djup, vilket innebär att vadhelst har tre dimensioner är en del av denna materia [Descartes identifierar det oändliga rummet med materia, se vidare nedan]; och det kan inte finnas något fullständigt tomt

---

[6]Parmenides riktar säkerligen en gillande blick på detta resonemang från sin himmel.
[7]B s.96; A s.86
[8]Förf. övers. *Principia* II, 11; A s.85
[9]Förf. övers. *Principia* II, 16; A s.85—86

rum, dvs. rum som inte innehåller materia, ty vi kan inte tänka oss ett sådant rum utan att tänka att det innefattar dessa tre dimensioner, och sålunda [att det innefattar] materia.[10]

Rummet är en oändlig utsträckning. Av detta följer att det oändliga rummet nödvändigtvis är fyllt av materia, är *identiskt* med materia. Descartes identifierar på en del ställen det oändliga rummet med den unika materiella substans som Gud har skapat.[11] Det finns en och endast en materiell substans, alla enskilda, partikulära och finita materiella ting är endast finita bestämningar, egenskaper, modifikationer av en och samma materiella substans, *det oändligt utsträckta rummet*.

> Världen, dvs. hela universum av skapad substans, har inga gränser för sin utsträckning. [...] Materien, vars väsen helt enkelt utgörs av att vara utsträckt substans, närvarar i allt rum som överhuvudtaget kan föreställas.[12]

> Det finns olika modifikationer av utsträckning [den oändliga utsträckningen], eller modifikationer som tillhör utsträckning [den oändliga utsträckningen], såsom alla former, lägen av delar och rörelserna hos delarna.[13]

Rummet som materiell substans kan bestämmas som en oändlig mångfald av interna delar inom sig själv, som kan anta en oändlig variationsbredd av rörelsetillstånd.[14] Varje del av rummet är nödvändigtvis delbar och kapabel till rörelse.[15] Nu följer ännu en viktig slutsats:

---
[10]Förf. övers. AT V, 52; A s.86
[11]B s.33–35, 96; A s.84—85
[12]Förf. övers. *Principia* II, 21–22; A s.84–85
[13]Förf. övers. *Principia* I, 65; A s.85
[14]B s.34–35; A s.84–85
[15]B s.70; A s.84–85, 88

Antag att det existerar en atom A, alltså ett materiellt ting med egenskapen att vara odelbar. (1)
Ett materiellt ting är en del av rummet och har nödvändigtvis en utsträckning U. (2)
Men varje utsträckning är delbar. (3)
(3) medför att (1) är omöjlig: det kan inte existera atomer.

Descartes:

> Det är omöjligt, såsom några filosofer föreställer sig, att det skulle kunna finnas atomer, dvs. delar av materia som på grund av sin egen natur är odelbara, ty dessa skulle nödvändigtvis vara utsträckta; och sålunda skulle vi i tanken kunna dela dem i två eller flera mindre delar, och därmed bli varse deras delbarhet.[16]

De olika delarna av rummet kan endast skilja sig med avseende på form, storlek och rörelsetillstånd. Descartes raderar bort alla kvaliteter som färg, tyngd, värmegrad, smak och lukt ur sin fysik, han accepterar endast geometriska egenskaper hos sina materiella objekt.[17]

> Jag medger fritt att jag inte kan urskilja någon materia i korporeala ting utöver vad geometriker kallar kvantitet [jag uppfattar det som att Descartes menar att den geometriska innebörden av *kvantitet* är *utsträckning*] och att detta är objektet för alla deras bevisföringar, dvs. det varpå vi kan applicera vilken delning, form och rörelse som helst.[18]

Men om materiella ting endast får karakteriseras av dessa geometriska egenskaper, om de inte skiljer sig med avseende på färg, hårdhet, tyngd och så vidare, och om hela

---

[16] Förf. övers. *Principia* II, 20; A s.88
[17] B s.2–3, 90
[18] Förf. övers. *Principia* II, 64; A s.83

rummet är likformigt fyllt av materia som till sitt väsen är strikt likformig (identisk med utsträckning), hur är det i så fall möjligt att urskilja *olika* delar inom rummet, blir inte rummet omedelbart en genuin homogen massa utan *urskiljbara* delar? Descartes bemöter detta problem med att hävda att olika delar inom rummet definieras och avgränsas från varandra genom att befinna sig i olika rörelsetillstånd relativt varandra. Det är sålunda *rörelser* som ger upphov till att det materiella kosmos kan differentieras.[19]

En objektiv beskrivning av det materiella kosmos innefattar en beskrivning av en mångfald delar av rummet, den i alla riktningar oändliga utsträckningen, materien, varvid dessa delar av den oändliga utsträckningen befinner sig i olika rörelsetillstånd relativt varandra. Varje del är *uttömmande* karakteriserad av sin form, storlek och sitt rörelsetillstånd.[20] Materiella objekt kan aldrig genomtränga varandra emedan varje materiell del ju *definieras* av den del av rummet som den upptar.[21] Rörelsen hos de materiella delarna i rummet regleras av ett antal lagar som Descartes säger sig härleda ur en evident insikt i materiens natur.[22]

Bland dessa finns en tidig version av Newtons tröghetslag.[23] Att notera är här att Descartes inte inför ett begrepp om *kraft* i sin fysik. Gravitationsfenomen förklarar Descartes med att om en himlakropp roterar runt sin egen axel alstras en roterande materiell virvel runt himlakroppen. Denna roterande virvel hindrar föremål som befinner sig inom virveln att röra sig rätlinjigt. Om ett föremål inom virveln exempel-

---

[19] A s.87
[20] B s.90; A s.135
[21] A s.87
[22] B s.35, 70
[23] B s.35

vis kastas iväg i en relativt himlakroppens yta vågrät riktning, kommer föremålets rörelse böja av från sin ursprungliga riktning på grund av en influens från den roterande virveln (en sådan virvelrörelse förklarar likväl knappast varför föremålet faller till marken). Alla himlakroppar runt solen befinner sig i en sådan virvel som alstras av att solen roterar runt sin egen axel. Detta förklarar varför planeterna rör sig i cirkelformade banor runt virvelns centrum, solen.[24]

Descartes försöker förklara gravitationsfenomenen utan tal om den *fjärrverkan* som Newton postulerade några årtionden senare. Ett problem för Descartes var att förklara varför föremål faller till marken även vid polerna på jorden, eftersom den virvelström som bildas av jordens rotation runt sin egen axel inte borde få någon "gravitationsverkan" vid jordens rotationsaxel.[25]

4.2 Relationen mellan kropp och själ

Vi har i det ovanstående sett hur Descartes förnekar att själen, jaget har utsträckning, form och läge, och att han likaså hävdar att interna rörelser i tallkottkörteln omedelbart kan påverka själen för att härigenom alstra förnimmelser i själen, och att själen omedelbart kan initiera rörelser i tallkottkörteln för att kunna omsätta viljemässiga beslut i kroppsliga rörelser. Descartes framhåller också, som vi sett, att kropp och själ är förenade med varandra.[26]

I de följande raderna ur *Les Passions de L'ame* (publicerad 1649)[27] talar Descartes om en direkt kausal interaktion

---

[24] B s.36, 97
[25] B s.97
[26] A s.112, 120
[27] *Red. anm.* I svensk översättning som "Om själens passioner".

mellan själen och en inre del av hjärnan, som han i andra sammanhang då identifierar med tallkottkörteln:

> Men genom att noggrant ha undersökt denna fråga anser jag att jag klart har påvisat att den del av kroppen i vilken själen omedelbart utövar sina funktioner alls inte är hjärtat, eller hjärnan i sin helhet. Det är snarare den innersta delen av hjärnan, [en del] som är en speciell mycket liten körtel belägen i mitten av hjärnans substans och ovanför passagen genom vilken [livs]andarna i de främre hålrummen i hjärnan kommunicerar med de bakre hålrummen.[28]

I de följande raderna ur *Principia* står att läsa att själen närvarar i hjärnan, vilket aktualiserar problemet att detta tycks innebära att själen trots allt har ett läge:

> Det enda möjliga skälet till detta [fantomsmärtor i en hand där armen blivit amputerad nära armbågen] är att nerverna som tidigare löpte från hjärnan till handen nu är avslutande i armen nära armbågen, och att dessa nerver retas av samma slags rörelser som tidigare uppstod i handen, och att dessa rörelser framkallar en förnimmelse av smärta i det eller det fingret, varvid denna förnimmelse realiseras i själen, som är belägen i hjärnan. Och detta visar klart att smärtan i handen upplevs av själen ej på grund av att den närvarar i handen utan på grund av att den närvarar i hjärnan.[29]

Descartes medger att det framstår som klart problematiskt att tänka sig en omedelbar kausal interaktion mellan två så olikartade substanser som en själ (utan utsträckning, läge och förmåga till rörelse) och en kropp (närmare bestämt ett kroppsligt organ), men att det är ett obestridligt

---
[28]Förf. övers. *Passions* I, 31; A s.120–121
[29]Förf. övers. *Principia* IV, 196; A s.121

faktum att själen och kroppen (tallkottkörteln) kan påverka varandra i en omedelbar kausal växelverkan.[30]

Detta [en kausal växelverkan mellan kropp och själ] är mycket svårt att förklara, men här har vi tillräcklig erfarenhet, emedan detta är ett uppenbart [empiriskt] faktum, som det är omöjligt att bestrida.[31]

Jaget förmår faktiskt omsätta en viljeföreställning i kroppslig aktivitet och sinnesorganens inflytanden på jaget är ett obestridlig faktum. Vad som är problematiskt med en sådan växelverkan är att det framstår som oundvikligt att själen måste ha ett läge och till och med utsträckning och rörelseförmåga för att såväl kunna initiera som influeras av rörelser i ett kroppsligt organ. Det är inte långsökt att hävda att själen till och med måste bli materiell för att kunna växelverka med ett materiellt ting. Såväl bildandet av föreställningar (A) som akter av sinnevarseblivning (B) innefattar en kausal växelverkan mellan själen och vår kropp.

(A) Descartes skiljer mellan ett bildande av rent intellektuella idéer, ett rent tänkande och ett bildande av *föreställningar*. En rent intellektuell akt är uteslutande mental.[32] Att bilda den strikt intellektuella idén om en triangel, triangelns allmänna väsen, innefattar endast en intellektuell förståelse av vad en triangel är. En dylik akt, som är ett rent mentalt skeende som realiseras oberoende av kroppsliga skeenden, måste skiljas från att bilda en åskådlig (visserligen rent mental) bild av en triangel i själen. Akten av att forma en föreställningsbild innefattar att jaget måste påverka

---
[30]A s.119
[31]Förf. övers. AT V, 163; A s.119–120
[32]A s.124

hjärnan (tallkottkörteln) så att de rörelser och den konfiguration som härvid bildas i hjärnan i sin tur påverkar jaget så att en mental bild, föreställning av en triangel bildas i medvetandet, själen.[33] Skillnaden mellan en rent intellektuell akt och ett bildande av en föreställningsbild indikeras för Descartes av (i) att intentionen att bilda en föreställning tillika fordrar *en speciell typ av ansträngning* som inte behövs vid en rent intellektuell akt. Denna extra ansträngning, som bör tolkas i termer av att själen behöver agera på hjärnan för att kunna erfara en föreställningsbild i sitt inre, blir särskilt påtaglig då vi försöker bilda mer komplexa föreställningar, till exempel en föreställning av en fem- eller sexhörning.[34]

> För att klarlägga detta undersöker jag först skillnaden mellan föreställning och ren förståndsuppfattning. Då jag t.ex. föreställer mig en triangel, så förstår jag inte bara att den är en figur som omsluts av tre linjer, utan jag ser på samma gång också dessa tre linjer liksom närvarande för min själs blick, och det är detta jag kallar att ha en föreställning. Vill jag däremot tänka på en tusenhörning, så förstår jag lika bra att den är en figur med tusen sidor, dvs. jag skådar dem inte såsom omedelbart närvarande för mig. Och ehuru jag även då — på grund av min vana att alltid föreställa mig något då jag tänker på ett kroppsligt ting — kanske på ett förvirrat sätt föreställer mig någon figur, så är det dock uppenbart att denna inte är en tusenhörning, eftersom den inte i något avseende skiljer sig från den som jag också skulle föreställa mig, om jag tänkte på en tiotusenhörning eller vilken annan figur som helst med ett mycket stort antal sidor, och eftersom den inte heller hjälper mig att lära

---

[33] A s.123–125
[34] A s.124–125

känna de egenskaper genom vilka en tusenhörning skiljer sig från andra månghörningar. Är det däremot fråga om en femhörning, så kan jag visserligen med förståndet uppfatta dess figur — liksom tusenhörningens — utan föreställningsförmågans medverkan; men jag kan också föreställa mig den, nämligen genom att rikta själens blick på dess fem sidor och på samma gång på den yta som inneslutes av dem; därvid märker jag tydligt att jag för att få en föreställning behöver på något särskilt sätt spänna min själ, vilket jag inte gör när det gäller att med förståndet fatta något: denna nya anspänning av själen visar klart skillnaden mellan föreställningen och den rena förståndsuppfattningen. (Med. VI)[35]

(ii) Diskrepansen mellan en rent intellektuell idé och en föreställningsbild blir också tydlig då vi försöker bilda föreställningar av mycket komplexa idéer, till exempel en föreställning av en tusenhörning. Att bilda en rent intellektuell idé om en tusenhörning sker däremot utan svårighet under det att försöket att bilda en föreställningsbild av en tusenhörning erbjuder ett så stort motstånd att vi inte förmår realisera en sådan akt.[36]

(B) Sinnesvarseblivningarna kommer till stånd genom inflytanden från yttervärlden i form av rörelser som påverkar sinnesorganen, en påverkan som i sin tur initierar rörelser i nervbanorna vilka i sin tur alstrar rörelser hos partiklarna i tallkottkörteln. Det är dessa *rörelser* hos partiklarna i tallkottkörteln som sedan transformeras till våra mentala förnimmelser av färger, smärta, tyngd, värme, smak och så vidare.[37]

Beträffande ljus och färg [...] måste vi anta att själens

---
[35] F s.132; E s.50–51
[36] A s.124–125
[37] B s.2–3, 76, 78, 90; A s.83, 123, 136

natur är sådan att vad som förorsakar att själen har en förnimmelse av ljus är kraften hos de rörelser som utspelar sig i de regioner av hjärnan utifrån vilka de optiska nervfibrerna har sitt ursprung, och vad som förorsakar en förnimmelse av färg, är arten av dessa rörelser. På analogt sätt är det rörelser i de nerver som leder till örat som förorsakar att själen hör ljud [...] Men i alla dessa fall behöver det inte finnas någon likhet mellan de idéer som själen uppfattar och de rörelser som förorsakar dessa idéer.[38]

Ett svärd träffar och skär vår kropp; men den smärta som härvid uppstår är alltigenom olik de lokala rörelser i svärdet eller kroppen som blir skuren — [smärtan är] lika [olik dessa rörelser som den är] olik färger eller ljud eller lukt eller smak. Vi inser härmed klart att förnimmelsen av smärta framkallas i oss av lokala rörelser hos vissa delar av vår kropp som har kontakt med någon annan kropp; vi kan härmed sluta oss till att vår själs natur är sådan att den utsätts för alla andra förnimmelser helt enkelt som en följd av andra lokala rörelser.[39]

En omedelbar påverkan på själen är endast möjlig i form av influenser på rörelserna i tallkottkörteln och jaget kan endast påverka det materiella genom att alstra rörelser i tallkottkörteln och på så vis indirekt styra rörelserna i de övriga delarna av kroppen.

Descartes anför ett resonemang som ska bevisa att en förnimmelse av röd färg hos ett äpple inte kan vara förorsakad av en objektiv kvalitet av röd färg i ett extramentalt äpple.

Antag att förnimmelsen av den röda färgen alstras genom en

---

[38]Förf. övers. *Optics*, section 6; A s.136
[39]Förf. övers. *Principia IV*, 197; A s.137

kausalkedja
$$M_1, M_2, \ldots, M_x$$
där M_x är de rörelser i tallkottkörteln som alstrar förnimmelsen av röd färg i medvetandet. (1)

Men en rörelsekonfiguration av partiklar kan endast alstras av andra rörelser. (2)

(2) medför att samtliga led i kausalkedjan i (1) måste vara rörelser hos ett eller flera objekt. (3)

(3) medför att det är omöjligt att identifiera ett av leden i kausalkedjan med kvaliteten röd färg. (4)[40]

Descartes skriver:

> Det är mycket väl begripligt hur den specifika storleken, formen och rörelsen hos partiklarna i en kropp kan ge upphov till olika lokala rörelser i en annan kropp. Men det är omöjligt att förstå hur dessa attribut skulle kunna ge upphov till någonting *med en natur som är av en helt annan art än dem själva* – såsom de [...] reala kvaliteter [färg, smak, lukt, värme, kyla, hårdhet osv. Som vi sett godtar Descartes endast form, storlek, rörelse och läge som objektiva egenskaper hos materiella ting] som av många filosofer antas inherera i ting, *och vi kan inte begripa hur sådana kvaliteter eller former skulle kunna ha förmågan att ge upphov till lokala rörelser i andra kroppar* [...] Detta är inte bara obegripligt, utan [...] vi finner ingenting som når hjärnan från de yttre sinnesorganen förutom lokala rörelser. Med tanke på detta har vi fullgoda skäl för att dra slutsatsen att de egenskaper hos externa objekt på vilka vi applicerar termerna *ljus, färg, lukt, smak, ljud, värme* och *kyla*, likaväl som andra taktila kvaliteter [...] är [kan identifieras som], såvitt vi kan förstå, helt enkelt olika dispositioner [specifika

---
[40] A s.138

former, storlekar och rörelser hos kroppens partiklar] i de [externa] objekten, [dispositioner] som gör att dessa [externa objekt] förmår framkalla olika slag av rörelser i våra nerver.[41]

Ett viktigt problem återstår dock beträffande beviset med kausalkedjan $M_1, M_2, \ldots, M_x$ som vi presenterade ovan: hur kan rörelserna av partiklarna i tallkottkörteln, M_x, översättas till en mental förnimmelse S av just röd färg. Övergången från M_x till S måste sägas vara svårbegriplig. Descartes hävdar nu att det är Gud som skapat vår subjektiva konstitution så att specifika rörelsemönster i tallkottkörteln alstrar specifika typer av mentala idéer: en viss rörelsekonstellation alstrar en förnimmelse av röd färg, en annan gul färg, en annan smärta, en annan en förnimmelse av tyngd, och så vidare.[42]

> Jag vidhåller att när Gud förenar en rationell själ med denna maskin [kroppen] [...] kommer han att placera dess [själens] primära läge [här sägs tydligen att själen trots allt har ett läge] till hjärnan, och [Gud] kommer att inrätta dess [själens] natur så att själen kommer att motta skilda förnimmelser i korrespondens med de olika sätt som ingångarna i porerna i den inre ytan av hjärnan öppnas av nerverna [här beskrivs inte själens kommunikation med hjärnan som en kausal växelverkan mellan tallkottkörteln och själen].[43]

Vilken typ av förnimmelse som ska tilldelas en specifik rörelsekonstellation är i viss mening helt godtyckligt, helt och hållet baserad på Guds eget fria beslut.[44]

---

[41] Förf. övers. *Principia* IV, 198; A s.138
[42] B s.76, 78, 90; A s.139
[43] Förf. övers. *Treatise of Man*, AT XI, 143; A s.139
[44] B s.91; A s.139, 147

Om t.ex. fotens nerver försättes i rörelse på ett häftigt och ovanligt sätt, så fortplantar sig denna rörelse genom ryggmärgen till hjärnans innersta delar och ger där själen ett tecken att förnimma något, nämligen en till foten lokaliserad smärta, varigenom själen får en impuls att — om det står i dess makt — avlägsna smärtans orsak som ju är något för foten skadligt. Givetvis hade Gud kunnat inrätta den mänskliga naturen så att samma rörelse i hjärnan framställde något annat för själen: nämligen rörelsen själv, försåvitt den är i hjärnan eller försåvitt den är i foten eller på något mellanliggande ställe, eller slutligen vad annat som helst; men ingenting annat skulle i lika hög grad ha bidragit till kroppens bevarande. (Med. VI)[45]

Den rörelse som framkallar röd färg kunde lika gärna framkalla en förnimmelse av törst. Däremot medger Descartes i den sjätte meditationen att olikheterna mellan våra sinnesförnimmelser sinsemellan motsvaras av olikheter i de yttre materiella objekt som förorsakar dessa förnimmelser.

Dessutom lär mig naturen att det runt omkring min egen kropp finns olika andra kroppar, av vilka jag bör eftersträva somliga och undfly andra; säkert är också att jag därav att jag har mycket olika förnimmelser av färger, ljud, lukter, smakkvaliteter, värme, hårdhet och liknande med rätta kan draga slutsatsen att det i de kroppar från vilka dessa olika förnimmelser härstammar finns vissa egenskaper som svarar mot de olika förnimmelserna, även om de inte liknar dem [...] (Med. VI)[46]

---
[45]F s.143–144; E s.60—61
[46]F s.139; E s.56

4.3 En rationalistisk kunskapsteori

Den etablerade vetenskap som Descartes konfronterades med i sin samtid var starkt präglad av den skolastiska filosofin med teser och tankemönster som vi återfinner hos Aristoteles och Thomas av Aquino. I den skolastisk–aristoteliska filosofin finner vi bland annat följande ställningstaganden:

(A) Varje materiellt objekt är konstituerat av form och materia. I varje materiell substans kan vi urskilja en specifik art–form. Ett materiellt objekts sinnliga egenskaper hör till tingets sensibla form och dessa sinnliga kvaliteter (färg, tyngd, smak, osv.) kan delas in i egenskaper som (a) ingår i respektive kan härledas ur tingets art–form, egenskaper som kallas *essentiella* – eller *nödvändiga egenskaper* samt (b) egenskaper som tinget kan förlora utan att förlora sin art–identitet: *tillfälliga* – eller *icke-essentiella egenskaper*.

(B) Ett vetande om de materiella tingen förvärvas genom sinnena, sinnena upptar tingens sensibla former och ur dessa abstraheras art–formerna, tingens väsen. En alternativ version (som, vad jag förstår, företräds av Aristoteles) av en sådan kunskapsakt är att sinnena visar en yttre aspekt av ett ting, tingets utsida, under det att tänkandet i form av ett andligt, förnuftigt seende förmår gripa tingets väsen, tingets art–form, tingets inre identitet. Intellektet upptar i sig via sinnena tingens objektiva väsen. Aristoteles och Thomas av Aquino beskriver en empiristisk kunskapsteori, i vilken alltså sinnesvarseblivningen har en konstitutiv roll i varje kunskapsakt.

Descartes opponerar sig mot detta:

Till (A): De aristoteliska doktrinerna missbrukas i vetenskaperna bland annat i följande avseenden: (i) Många vetenskapliga resonemang förfaller till *ad hoc*-förklaringar. En nyupptäckt egenskap hos en viss art av materiella objekt "förklaras" genom att man helt enkelt adderar den nya egenskapen till den ifrågavarande art–formen och härleder sedan egenskapen ur den så berikade art–formen.[47] Antag till exempel att man nyligen upptäckt att uran med tiden spontant faller sönder och transformeras till andra ämnen. Med en *ad hoc* förklaring av ovanstående typ kan vi förklara denna egenskap genom att postulera att egenskapen av spontant sönderfall hör till uranets väsen, art–form och härleder sedan det observerade fenomenet ur den berikade art–formen.

(ii) Flera vetenskapliga förklaringar är i själva verket cirkulära. Det faktum att en sten är tung förklaras av att kvaliteten, den sensibla formen *tyngd* närvarar i tinget, vilket enligt denna invändning borde kunna omskrivas till att stenen är tung på grund av att den är tung. Ett analogt exempel ges av: det faktum att snö är vit förklaras av närvaron av kvaliteten, formen *vithet* i snön, alltså snön är vit på grund av att den är vit. Molière driver med denna förklaringsmetod i pjäsen *Den inbillade sjuke* där förmågan hos sömnpiller att framkalla sömnighet förklaras av deras förmåga att framkalla just sömnighet.[48]

I sin vetenskap raderar Descartes alla specifika art–former och han förkastar att överhuvudtaget se materiella objekt som konstituerade av form och materia; ett materiellt obesjälat objekt är, hävdar Descartes, strikt konstituerat av materia och ingenting annat. Materia är ingenting annat än materia (vilket likväl inte utesluter att en själ kan förenas med, närvara i ett materiellt objekt, i vilket fall vi har

---
[47]B s.43
[48]A s.7

att göra med en förening mellan två substanser, en materiell kropp och en själ). Inte ens sinnliga kvaliteter som färg, tyngd, smak, och så vidare, närvarar i tingen.[49]

> Sinnlig varseblivning visar inte vad som verkligen existerar i tingen.[50]

Till (B): Sinnesvarseblivning har för Descartes ingen konstitutiv roll alls i ett genuint kunskapsarbete. Descartes arbetar fram sitt vetande om den extramentala verkligheten strikt utifrån de rent intellektuella begrepp och grundsatser som han finner i sin själs djup, vetandet arbetas fram ur ett rent tänkande. Descartes företräder en *rationalistisk kunskapsteori*.[51]

John Cottingham väver in adekvata citat ur *Principia* i följande rader:

> Den cartesianska metoden för att nå en sann förståelse av verkligheten fordrar av oss att "lägga alla våra förutfattade meningar åt sidan", att "leda själen bort från sinnena" och att "på ett ordnat sätt uppmärksamma de begrepp som vi har inom oss".[52]

Descartes härleder sin fysik som ett vetande om materiella objekt som består vare sig det finns materiella objekt i aktuell existens eller inte. I detta har sinnesvarseblivning ingen roll att spela överhuvudtaget.[53] Sinnesvarseblivning kan visserligen göra det evident att det finns en materiell värld utanför medvetandet (se avsnittet om den sjätte meditationen).

---

[49] B s.34, 42, 78, 86, 90; A s.83, 135
[50] Förf. övers. *Principia* II, 3; A s.135
[51] B s.66, 70, 76; A s.135, 143–144, 146
[52] Förf. övers. *Principia* I, 75; A s.144
[53] B s.2, 66, 76; A s.135

Descartes anklagas här och var för att bryta mot sitt deduktiva kunskapsideal när han vill förklara, deducera observerade naturfenomen med hypoteser som, om de vore sanna, skulle leda till de fenomen som iakttagits, och att Descartes med sina hypoteser anser sig bevisa, härleda de ifrågavarande fenomenen.[54] Om detta är Descartes avsikt kan vi med rätta invända dels att sinnena nu helt plötsligt blir värda att ta på allvar och dels att en hypotes långt ifrån bevisar ett fenomen, det kan mycket väl finnas andra hypoteser som lika bra "bevisar" exakt samma fenomen. Descartes kan dock undgå denna kritik om han med sina förklaringar endast avser att konstruera möjliga skeenden som med nödvändighet skulle uppföra sig som han förutspår dem vare sig dylika skeenden instantieras i verkligheten eller inte. Det är tänkbart att Descartes endast konstruerar fenomen eller förlopp *a priori* som rent intellektuella konstruktioner, vars intresse eventuellt motiveras av föregående sinnliga observationer.

Descartes vetenskapliga system byggs upp ur klara och distinkt varseblivna deduktioner ur rent intellektuella begrepp och axiom som är medfödda.[55] Paradoxalt nog är även i viss mening alla sinneskvaliteter *medfödda*, såtillvida att vår själ redan från födseln innefattar dem som konstitutiva element, anlag, som av yttre influenser från rörelser i tallkottkörteln aktiveras till förnimmelser i själen. Varje sinneskvalitet, betraktad som själsanlag, aktiveras till en förnimmelse av en för den ifrågavarande sinneskvaliteten specifikt koordinerad typ av rörelsemönster hos kvalitetslösa (de kan endast karakteriseras av sin form, storlek, läge och rörelse) partiklar i tallkottkörteln. De sinnliga kvaliteterna är med-

---
[54]B s.50
[55]B s.79; A s.144

födda anlag som ingår i vår subjektiva konstitution.[56] En akt av sinnlig varseblivning är i viss mening av externt ursprung såtillvida att det är yttre influenser som framkallar de sinnliga idéerna i själen, men vilken idé som framkallas av ett givet rörelsemönster hos partiklarna i hjärnan är helt och hållet determinerat av själens från födseln givna konstitution. En typ av rörelser framkallar en förnimmelse av grönt, en annan typ den av rött, åter en annan av törst, hetta, och så vidare.[57]

> Om vi beaktar omfånget hos våra sinnen, och exakt vad det är som når vår tankeförmåga medelst dem, måste vi medge att idéerna av ting som förmedlas av våra sinnen aldrig till fullo visar dessa ting som de verkligen är. Det är till och med så att det inte finns någonting i våra idéer som inte är medfött i själen eller vår tankeförmåga, med undantag av de omständigheter som hänför sig till erfarenheten, såsom det faktum att vi fäller omdömet att den eller den idén som vi nu omedelbart erfar i själen är relaterad till ett visst ting beläget utanför oss. [...] Ingenting når vår själ från externa objekt genom våra sinnesorgan utöver vissa korporeala rörelser. [...] Men varken dessa rörelser själva, eller de figurer som generas av dem, uppfattas av oss på exakt det sätt som de närvarar i sinneorganen. [...] Sålunda följer det att idéerna av dessa rörelser och figurer [som uppstår av dessa rörelser] är medfödda i oss. Idéerna av smärta, färger, ljud osv. måste oundvikligen var och en vara medfödda i oss, om vår själ ska kunna representera dem för oss när själen blir utsatt för dessa rörelser och figurer, emedan det inte finns någon likhet mellan dessa idéer och de korporeala

---
[56] B s.79; A s.147
[57] A s.147

rörelserna.[58]

Dessa rader bekräftar radikaliteten i jagets alienation från den omgivande verkligheten. Långt ifrån att vara en direkt kommunikation med omvärlden ger sinnesvarseblivningen inte ens sanningsenlig information om hur omvärlden är beskaffad. I sitt sökande efter gedigen kunskap är själen hänvisad till sina inre skatter av medfödda idéer.[59] En främmande yttervärld framkallar endast rent subjektiva effekter i medvetandet. Det är inte sinnesvarseblivningen utan tvärtom det rena tänkandets kognitiva element som ger medvetandet en öppning som transcenderar det subjektiva. Det rena tänkandet uppdagar ett transsubjektivt innehåll i form av tidlösa och av min själ oberoende idéer och absolut säkra och evidenta insikter. I det rena tänkandets element kan vi nå ett vetande om verkligheten utanför oss själva, om Gud och den materiella verkligheten. I sinnesvarseblivningen förblir vi instängda i vår hopplösa subjektivitet.[60]

Descartes beskriver själfullt sin introverta kunskapsväg i denna pregnanta mening, som får bli till finalen på denna studie:

> Jag kommer att bringa ljus över de sanna skatterna i våra själar, för var och en av oss visa på de medel vi behöver för att inom oss själva kunna finna, utan hjälp av någon annan, all den kunskap vi kan behöva för att gestalta livet; och även de medel varigenom dessa skatter kan användas för att så komma i besittning av alla de olika svårgenomträngliga, sofistikerade kunskaper som människans förnuft är kapabelt till.[61]

---

[58]Förf. övers. AT VIII B, 359; A s.147
[59]A s.148
[60]A s.149
[61]Förf. övers. AT X, 496; A s.19

Slutord och utblick

Descartes metod, med dess emfas för självständig insikt, har varit en ovärderlig vitamininjektion i mitt eget filosofiska sökande, och hans ärligt och allvarligt menade tankar om medvetandets, jagets alienation från vår omvärld kan tjäna som en provokativ och väckande utgångspunkt för en fortsatt bearbetning av frågan om medvetandets relation till verkligheten.

Med hans tillit till att ett utpräglat introvert kunskapsarbete kan leda till genuina och orubbliga insikter, och hans syn på själen, visar Descartes en påfallande andlig närhet till Sokrates och Platon. Att som Descartes i dualistiska ordalag tala om en själ bemöts idag ofta med ironi och förakt. Till detta vill jag genmäla dels att Descartes själv framhåller att själens relation till kroppen är gåtfull och problematisk, och dels att det är naivt att hävda att ett fysikaliserat försök till förklaring av medvetandet, som en egenskap hos ett rent materiellt system, inte skulle vara vidhäftad med allvarliga svårigheter.

För Descartes erfar vi vår själ omedelbart samtidigt som varseblivningar av vår omvärld endast är indirekta. Vi har en orubblig visshet om själens verklighet under det att allvarliga tvivel i skilda avseenden kan riktas mot den materiella verkligheten, inklusive vår egen kropp.

Med sin betoning av detta att vi omedelbart erfar vår själs verklighet bildar Descartes filosofi en välgörande motvikt mot dagens ensidigt ingenjörsmässiga, mekaniska attityd gentemot levande mänskliga väsen, en attityd som yttrar sig i förskrivning av läkemedel mot mentala störningar och överhuvudtaget en ensidigt ingenjörsmässig syn på sjukdomar och läkekonst; en attityd som visserligen framstår som konsekvent med tanke på dessa paradigmatiska förutsättningar. — Men i ett avseende bör det i ärlighetens namn faktiskt sägas att Descartes tyvärr ger stöd åt vår tids mekanistiska syn på levande väsen: Descartes var tydligen av uppfattningen att växter och djur kan identifieras som varande helt materiella system. Djur är konstruerade som blotta instinktsautomater utan medvetande, hävdar han. Fria tyglar åt djurförsök och manipulationer med arvsmassan hos växter och djur borde sålunda knappast väcka anstöt hos en Descartes om han levde bland oss idag!

Inte minst med lanseringen av Descartes ovan omtalade metod för ett genuint kunskapsarbete samt cogito–satsen som den högsta punkten i ett klart och orubbligt vetande, utgör Descartes filosofiska verk en frisk fläkt gentemot den skolastiska filosofin, men som vi har sett måste det samtidigt erkännas att Descartes med ett ben tydligt står kvar i skolastikens intellektuella klimat.

*

Jag måste medge att åtskilliga av de resonemang som Descartes presenterar med anspråk på att vara "orubbliga och evidenta" insikter, uppnår långt ifrån en sådan status vad jag kan bedöma. Men detta utesluter ju inte att de kan vara intressanta och fantasieggande ändå. Här har jag i åtanke exempelvis bevisen för Guds existens och beviset för att min själ är en omedelbar vertikal verkan av Gud.

En logisk härledning är knappast adekvat för att nå visshet rörande en eventuell gudomlig verklighet. En väg att nå tillvarons andligt–gudomliga aspekter låter sig kanske snarare sökas i en empiriskt orienterad, alltså på egen erfarenhet grundad, självtranscenderande utveckling. Med tanke på vikten av att finna och renodla vår tankeförmåga är det inte otänkbart att ett möte med Descartes filosofi för somliga kan bli till ett betydelsefullt led av en sådan utvecklingsväg.

Referenser

(A) John Cottingham. *Descartes*. Blackwell Publishers 1986.

(B) Tom Sorell. *Descartes*. Oxford University Press 1987.

(C) John Cottingham (Ed.) *Descartes*. Oxford University Press 1998.

(D) John Cottingham (Ed.). *The Cambridge Companion to Descartes*. Cambridge University Press 1992.

(E) René Descartes. *Meditations on First Philosophy*. Cambridge University Press 1987.

(F) René Descartes. *Valda skrifter*. Inledning och översättning av Konrad Marc–Wogau. Natur och Kultur, Lund 1990.

(AT) *Oeuvres de Descartes*. Ed. C. Adam and P. Tannery. 12 vols. (Revised edition, Paris: Vrin/CNRS, 1964–76)

(CSM) *The Philosophical Writings of Descartes*. Trans. J. Cottingham, R. Stoothoff and D. Murdoch. 2 vols. Cambridge University Press 1985.

(CB) *Descartes' Conversation with Burman*. Trans. with introduction and commentary J. Cottingham. Clarendon Press, Oxford 1976.

Om författaren

Sedan mer än trettio år står jag inne i ett systematiskt arbete med filosofins historia. Jag har författat ett tämligen omfattande textmaterial som väntar på att publiceras. Mitt arbete med filosoferna innebär en intellektuell luttring och utgör ett led i ett andligt sökande. För mig är det en grundläggande övertygelse att det mänskliga tänkandet innefattar andliga kvaliteter. Ett bärande motiv i mitt studiearbete är att det mänskliga medvetandet inte är statiskt utan tvärtom står inför möjligheten till en vidareutveckling mot att i allt högre grad genomskåda medvetandets och jagets natur.

Jag har undervisat i matematik och filosofi sedan 1984 på Waldorfskolor. Sedan några år tillbaka är jag istället verksam på en folkhögskola i Södertälje. Mitt intresse för matematik definieras av min uppfattning att ett möte med matematik (och i synnerhet geometri) kan innebära en värdefull hjälp för att finna och vårda vår tankeförmåga.

Björn Wängberg

www.ingramcontent.com/pod-product-compliance
Lightning Source LLC
Chambersburg PA
CBHW070944230426
43666CB00011B/2553